Ich hörte mal jemanden sagen,
Bücher würden die Seele der Menschheit
widerspiegeln.

Das Leben der einen
ist das Buch,
in dem die anderen lesen werden,
um ihre eigenen Geschichten
schreiben zu können.

Für das Leben.

Marcel Schönefeld

Im Zirkus des Lebens

Eine Geschichte von Mut und Veränderung

© 2020 Marcel Schönefeld/Rechteinhaber
Autor: Marcel, Schönefeld
Umschlaggestaltung: tradition GmbH, Hamburg
Lektorat, Korrektorat: Deutsches Lektorenbüro, Würzburg

Verlag und Druck: tradition GmbH, Halenreie 40-44,
22359 Hamburg

ISBN: 978-3-347-14127-8 (Paperback)
        978-3-347-14128-5 (Hardcover)
        978-3-347-14129-2 (e-Book)

Bibliografische Information der Deutschen
Nationalbibliothek:
Die Deutsche Nationalbibliothek verzeichnet diese
Publikation in der Deutschen Nationalbibliografie;
detaillierte bibliografische Daten sind im Internet über
http://dnb.d-nb.de abrufbar.

1.

Ich hielt mich inmitten einer kreisförmigen Fläche auf, die vollständig von Sand bedeckt war und zu früheren Zeiten wahrscheinlich als Schauplatz zahlreicher Aufführungen und Veranstaltungen gedient hatte. Um mich herum war eine Tribüne errichtet, deren Sitzreihen sich stufenweise nach oben türmten. Auf mehreren Ebenen aus hellen Granitsteinen hatten unzählige Gestalten Platz genommen, die ihre Gesichter hinter dunklen Schleiern verborgen hielten. Sie wirkten auf mich wie seelenlose Figuren, derweil sie ihre Blicke in die Ferne richteten. Zwischen den Steinen bahnten sich Blumen und Unkraut scharenweise ihren Weg in die Freiheit, teilweise waren ganze Granitblöcke aus den Reihen herausgebrochen. In dem Amphitheater herrschte anfangs eine trockene und heiße Atmosphäre. Über dem offenen Theatergrund brannte die goldgelbe Sonne vom blauen Himmel, und mir liefen die Schweißperlen am ganzen Körper hinunter. Die ganze Anlage war in einem heruntergekommenen Zustand. Generell bestand sie aus dem alten und verfallenen Material einer längst vergangenen Epoche, und ich war überrascht, dass das Theater an diesem Tag dennoch so gut besucht war. Unterhalb der Sitzreihen befand sich eine breitere Wandfläche, in die massive Stahltüren eingebaut waren, die wie leblose Wächter eines verborgenen Schatzes zu mir herüberstarrten. Insgesamt zählte ich drei dieser Ungetüme, hinter denen sich alles hätte verbergen können, vielleicht sogar ein Ausweg aus meiner sonderbaren Situation.

So stand ich für eine längere Zeit tatenlos in der brütenden Hitze, ohne zu wissen, was ich dort verloren hatte und was das ganze Theater überhaupt sollte. Die Ausdruckslosigkeit in den Gesichtern der Personen auf den Rängen machte mich noch unsicherer, weshalb ich mich mehrmals im Kreis drehte und hoffte, vielleicht doch noch irgendwo einen aufschlussreichen Hinweis finden zu können.

Zu meinem Ärger konnte ich aber nichts Hilfreiches erkennen – als plötzlich eine der Stahltüren aufschwang und meine längst verstorbene Mutter heraustrat. Kurz darauf stand sie mit entschlossener Haltung vor mir und blickte mir tief und innig in die Augen. Ich gefror innerlich zu Eis. Als Nächstes ergriff sie meine Hände, und ich verspürte einen starken Drang, mich so schnell wie möglich von ihr loszureißen, als sie mit einem Mal zu tanzen begann. Ich wusste nicht recht, wie ich mit der Situation umgehen sollte, und ließ mich unfreiwillig von ihrem Gezappel mitreißen. Sie wirkte in diesem Moment auf mich wie das blühende

Leben, und zu meiner Verwunderung sah ich einen Glanz in ihren Augen, wie ich ihn vorher noch nie bei ihr wahrgenommen hatte. Einerseits irritierte mich ihre gesamte Erscheinung, andererseits fühlte es sich aber auch sehr schön an, sie in so einem heiteren Zustand zu erleben. Für die nächsten Sekunden bewegten wir uns mehrere Runden im Kreis, bis mir schwindelig wurde und ich eine Pause einlegen musste. Da kam sie ganz dicht an mich heran und flüsterte mir etwas Unverständliches zu. Ich fragte neugierig nach und wartete gespannt darauf, dass sie ihre Worte noch einmal wiederholen würde.

»Jetzt bin ich frei, frei wie eine Wildkatze, und du fahr bitte weiter, dein Leben zu leben und in allen Zügen zu genießen!«, hörte ich sie eindringlich sagen, ehe sie mir zärtlich über die Wange streichelte und sich einen Moment später wie ein Schatten bei einem Wolkeneinbruch auflöste.

Plötzlich zogen am Himmel tatsächlich tiefdunkle Wolken auf, die die Sonne vollständig verdeckten. In dem Theater wurde es ganz düster, ein heftiger Sturm braute sich zusammen. Im nächsten Augenblick sauste eine riesige Staubwolke durch die marode Anlage, so dass ich um mich herum kaum noch etwas erkennen konnte. Unmittelbar darauf ertönte eine tiefe Stimme von der Tribüne, und ich bekam es mit der Angst zu tun.

»Wer bist du wirklich?«, hörte ich die Stimme, konnte jedoch niemanden erkennen.

»Bitte was?«, fragte ich zurück.

»Wer bist du wirklich?«, fragte die Stimme erneut. Ich versuchte vergeblich, ihrem Klang bis zum Sprecher hin zu folgen, derweil es im Theater zusehends unruhiger und das Wetter immer ungemütlicher wurde.

»Wer bist du wirklich?«, beharrte die Stimme auf einer Reaktion von mir. Immer und immer wieder erklang die gleiche Frage in einem Furcht einflößenden Tonfall, doch ich konnte nicht erkennen, wer da zu mir sprach. Überall war nur aufgewirbelter Staub, und ich hatte große Mühe, meine Augen offen zu halten.

Inzwischen blitzte und donnerte es, die Staubwolke bedeckte das Theater nahezu komplett unter sich. Die Wucht des Unwetters und die ganze Szenerie schüchterten mich ein und beunruhigten mich aufs Äußerste. Es schnürte mir förmlich die Luft ab, und ich drohte vor Anspannung zu platzen. In meiner Not schlug ich die Hände schützend vors Gesicht und schickte ein Gebet zum Himmel. Doch ohne Erfolg. Die Stimme ließ sich nicht zum Schweigen bringen.

»Wer bist du wirklich? … Wer bist du wirklich? … Wer bist du wirklich?«, prasselte es wie ein heftiger Hagelschauer auf mich ein, und ich fühlte mich von Sekunde zu Sekunde immer unwohler in meiner Haut.

»Ich? Ich bin …«, unternahm ich den unsicheren Versuch einer Antwort und riss meine Augen weit auf, um vielleicht doch irgendjemanden erkennen zu können.

Meine Stimme stockte, und ich verschluckte mich fast an der eigenen Zunge, als für einen kurzen Moment die Staubwand auf der Tribüne etwas aufriss und ich an jener Stelle eine Gestalt erblickte, die genauso aussah wie ich. Mit ausgestrecktem Zeigefinger und grimmigem Blick stand sie dort oben auf den Rängen und stellte mir ein um das andere Mal diese schreckliche Frage.

Voller Entsetzen rieb ich mir die Augen, doch es war keine Täuschung. Die Gestalt ähnelte mir von Kopf bis Fuß in allem, was mich in jenen Tagen ausmachte: Hinter der harten Fassade erkannte ich meine traurigen Augen, meinen ängstlichen Blick und meine verkrampfte Körperhaltung. Fast empfand ich etwas Mitleid mit ihr. Dennoch traute ich meinen Augen nicht und wollte nur noch weg, zumal sich das Wetter wieder beruhigte und eine tiefe Stille in der Anlage einkehrte. Der Moment schien günstig.

Mit einer Mischung aus Beklemmung, Angst und Schrecken nahm ich meine Füße in die Hand und rannte auf eine der Türen zu. Plötzlich stand mein Ebenbild direkt vor mir und versperrte mir den Weg. Ich konnte gerade noch rechtzeitig abbremsen, um die Gestalt nicht über den Haufen zu rennen. Nur flüchtig schauten wir uns in die Augen, denn ich hatte erhebliche Schwierigkeiten, dem Blickkontakt standzuhalten.

Wie die Gestalt von ihrem Tribünenplatz so schnell zu mir hatte herunterkommen können, war mir ein Rätsel. Mit einem Mal vernahm ich ein lautes Quietschen, und der Boden unter meinen Füßen begann zu beben. Im nächsten Moment öffneten sich alle Türen in dem Amphitheater, und aus jeder strömten unzählige Figuren heraus. Nicht nur die Gestalt direkt vor mir, sondern auch jede weitere sah genauso aus wie ich. Alle Figuren zeigten mit ausgestrecktem Zeigefinger auf mich, während sie sich wie müde Soldaten im Gleichschritt in meine Richtung schleppten und im Chor die Frage wiederholten, auf die ich noch immer keine Antwort hatte.

Nun begannen sie, sich um mich herum aufzustellen, als wollten sie mich umzingeln. Als wollten sie eine Mauer bilden, hinter der ich auf ewig nach einer Antwort ringen sollte. Es schien keinen anderen Ausweg für mich zu geben, und so nahm ich meinen ganzen Mut zusammen und schrie meine Anspannung laut hinaus. Ich hoffte, meine Peiniger dadurch zum Schweigen zu bringen – und fand mich mit einem Mal klitschnass und mit aufgerecktem Oberkörper in meiner Wohnung wieder.

»Verdammt noch mal! Ich weiß nicht, wer ich wirklich bin …«, hallte es noch durch die Wände. Erst nach und nach realisierte ich, dass ich in meinem Bett lag und aus einem Traum aufgewacht sein musste. Zunächst wirkte alles noch zum Greifen nah, war aber trotzdem schon so weit entfernt, dass nur Bruchstücke zurückblieben. Im Moment fühlte es sich tatsächlich so an, als hätte ich vor wenigen Augenblicken eine wichtige Prüfung absolviert, die ich leider nicht erfolgreich bestanden hatte. Ich hasste das Gefühl zu versagen, und nachdem die erdrückende Frage: *Wer bist du wirklich?* noch schwach in meinem Kopf nachhallte, nach einiger Zeit aber immer mehr verblasste, blickte ich mit besorgten Augen zum Fenster hinaus, während die Welt dort draußen noch in tiefem Schlaf ruhte.

2.

Nach jener denkwürdigen Nacht realisierte ich sehr deutlich, dass ich den kommenden Tag nicht wie gewöhnlich mit meinen Aufputschmittelchen überstehen würde. Vielmehr machte mir mein angeschlagener Körper unmissverständlich klar, dass mit mir irgendetwas ernsthaft nicht stimmte und ich umgehend einen Spezialisten aufsuchen sollte, um meiner erschreckend schlechten Verfassung schnell wieder auf die Beine zu helfen.

»Je schneller, desto besser«, versuchte ich mich innerlich anzutreiben, denn neben meinem ausgeprägten Pflichtbewusstsein und der erdrückenden Angst, meinen Job zu verlieren, bereitete mir der bloße Gedanke daran, die nächsten Tage untätig zu Hause verbringen zu müssen, große Sorgen und verschlechterte meine ohnehin gedrückte Stimmung.

»Außerdem darf ich mir keine großartigen Fehlzeiten erlauben, denn ich muss für diesen Monat noch die Miete und viele andere Rechnungen bezahlen«, ermahnte ich mich leise, aber hart, während ich gemächlich aus meinem Bett kletterte und mich aufrichtete. Das dumpfe Stechen in meiner Magengegend hatte sich mittlerweile auf den Weg gemacht, dem Brustbereich, wo mein Herz vergraben lag, einen unangekündigten Besuch abzustatten. In den vergangenen Wochen hatte ich immer mal wieder ein leichtes Spannungsgefühl in dieser Region verspürt, aber so heftig wie an diesem Morgen hatten sich die Schmerzen noch nie gemeldet. Zeitweise fühlte sich mein gesamter Oberkörper an wie eine Orangenpresse, die die mir verbliebenen Lebenstropfen mit allerletzter Kraft auspressen wollte. Natürlich litt auch meine Atmung darunter, die inzwischen so flach war wie bei einem überehrgeizigen Marathonläufer, der wegen seines schlechten Trainingszustandes sein Ziel niemals erreichen würde. Selbst zu einem Arzt zu fahren, war jetzt verantwortungslos. Sollte ich den Notarzt rufen? War das nicht übertrieben? Einen Freund anrufen, aber wen? Wer würde in dieser frühen Stunde überhaupt abheben? Aufgeregt blätterte ich in meinem Adressbuch herum und entschied mich schließlich. Es knisterte kurz in der Leitung, und wenige Sekunden später ging auch schon das ersehnte Rufsignal hinaus. Unruhig biss ich auf meiner Unterlippe herum und hoffte, dass eine wohlwollende und freundliche Stimme den Hörer abnehmen würde, als ein verschlafenes Lebenszeichen am anderen Ende der Leitung ertönte.

»Ja bitte, wer stört so früh?«

»Hallo, ich grüße dich. Hier ist, du weißt schon wer ...«, antwortete ich mit aufgesetzt souveräner Stimme, als es plötzlich ein lautes Geräusch gab und danach nur noch ein langer Piepton zu hören war.

»Hallo? Hallooooo?«, fragte ich vorsichtig nach, doch es kam keine Antwort.

»Na toll, dann eben nicht«, murmelte ich in das verstummte Telefon, so als würde es mir überhaupt nichts ausmachen, dass mein Gesprächspartner anscheinend einfach wieder aufgelegt hatte. Ich suchte die nächste Telefonnummer heraus. Ungeduldig tippte ich sie ein, und auch dieses Mal dauerte es einige Sekunden, bis mein Gesprächspartner ans Telefon ging.

»Ja bitte?«, hörte ich es nicht mehr ganz so verschlafen.

»Hallo mein Freund, ich bin es. Ich weiß, dass es noch sehr früh ist, aber ich habe eine wichtige Bitte an dich. Selbstverständlich habe ich dich als Erstes angerufen, weil ich ja weiß, dass ich mich bisher immer auf dich verlassen konnte«, ratterte ich schnell meine Worte herunter, ohne über meine kleine Lüge nachzudenken. Dieses Mal ertönte kein lautes Geräusch, worüber ich schon einmal sehr froh war.

»Oh, mit dir habe ich jetzt überhaupt nicht gerechnet. Bitte entschuldige, aber ich habe im Moment überhaupt keine Zeit für dich. Bis bald und alles Gute für dich ...«, antwortete es kurz und knapp ohne Chance zu einer Erwiderung. Meine anfängliche Coolness war dahin. Warum waren alle so abweisend? Auch bei der nächsten Telefonnummer hatte ich keinen Erfolg. Dieses Mal wurde nicht einmal der Hörer abgehoben. Auch alle weiteren Versuche blieben glücklos. Danach klappte ich das Adressbuch mit einem lauten Knall zusammen und grübelte verbissen, weshalb alle die Flucht vor mir ergriffen und sich niemand die Zeit nahm, um überhaupt mit mir ins Gespräch zu kommen.

»Jetzt melde ich mich nach so langer Zeit schon Mal bei ihnen, und keiner interessiert sich für mich. Das begreife ich einfach nicht. Kann denn niemand verstehen, dass es mir nicht gut geht?«, haderte ich mit der gesamten Situation. Für eine Weile schimpfte und fluchte ich vor mich hin, während ich sichtlich verärgert in meiner Wohnung auf und ab ging. Nichtsdestotrotz musste ich etwas unternehmen. So rang ich mich schließlich dazu durch, mich aus eigener Kraft zu einem Arzt zu schleppen. Unter allen Spezialisierungen schien mir ein Internist am sinnvollsten, da vermutlich mit meinen inneren Organen etwas nicht stimmte.

Draußen herrschte ein bitterkalter Winter, die Temperaturen waren auf ein Rekordtief abgesunken. In meiner dicken Winterjacke und mit einem mulmigen Gefühl im Bauch verließ ich meine Wohnung. Womit ich überhaupt nicht gerechnet hatte, war der heftige Schlag, den mir die frische

Winterluft ins Gesicht verpasste, unmittelbar nachdem ich ins Freie getreten war. Ich hatte erhebliche Schwierigkeiten, mich auf den Beinen zu halten, und zu allem Übel schnürte sich meine Brust so sehr zusammen, dass mir schwarz vor den Augen wurde. Ich spürte noch den kalten Stein der verschneiten Garagenauffahrt unter meinem Gesicht, kurz nachdem ich zu Boden gegangen war, und verlor das Bewusstsein.

So lag ich da – wie ein ausgeknockter Boxer – und verweilte in einer anderen Welt. Nach einiger Zeit weckte mich die Kälte. Ich konnte mich zum Glück wieder aufrappeln, um meinen erschöpften Körper in mein geliebtes, aber in die Jahre gekommenes Auto zu hieven. Dort saß ich dann in gekrümmter Körperhaltung, nach vorn geneigt, in eiskalter, schweißnasser Kleidung und mit gerötetem Gesicht und machte mich durch den stürmischen Wintermorgen auf den Weg ins Stadtzentrum.

Auf wundersame Weise war die Verkehrsdichte an jenem Morgen unerwartet niedrig. Normalerweise hätte ich um diese Uhrzeit und in einer hektischen Großstadt wie dieser im morgendlichen Berufsverkehr stecken müssen. Außerdem herrschte aufgrund des starken Schneefalls der vergangenen Tage und der damit verbundenen Räumungsarbeiten immer wieder das pure Verkehrschaos, doch erfreulicherweise waren die Straßen wie leer gefegt, und ich hatte größtenteils freie Fahrt.

Nachdem ich mehr als die Hälfte der Strecke zügig zurücklegen konnte und es nicht mehr weit bis zum Arzt war, musste ich an einer Baustellen-ampel stehen bleiben. Das konnte dauern, sie hatte eben erst auf Rot geschaltet. Also gönnte ich meinem treuen Gefährt und mir eine Verschnaufpause und legte den Leerlauf ein, derweil ich aus dem Augenwinkel ein weiteres Fahrzeug heranrollen und neben mir anhalten sah. Im Inneren des Pkws hatte es sich ein kleiner Junge auf der breiten Rückbank gemütlich gemacht. Eine knallrote Baseballkappe saß auf seinem Kopf wie ein riesiges rotes Raumschiff, das sich gerade in schweren Turbulenzen befand und dabei versuchte, sich immer wieder nach rechts und links auszupendeln. Darunter schauten goldblonde Haare hervor. Es war eigenartig, dass die Kappe nicht herunterfiel, da sie viel zu groß für seinen Kopf war.

Der Fahrer des Fahrzeuges – vermutlich der Vater – saß hinterm Lenkrad verbarrikadiert und blickte zielstrebig zur roten Ampel hinauf, ohne mich eines Blickes zu würdigen.

Irgendwie wirkte der Kleine sehr vertraut auf mich und so konzentriert, wie er zu mir herüber-schaute, machte es den Anschein, als wollte er mir etwas Wichtiges mitteilen.

»Vielleicht möchte er mich darauf aufmerksam machen, dass etwas an meinem Auto nicht stimmt, immerhin liegt die letzte Fahrzeugkontrolle schon mehrere Jahre zurück«, ging es mir durch den

Kopf, als der Junge plötzlich die Scheibe auf seiner Seite herunterkurbelte und mich per Handzeichen aufforderte, es ihm gleichzutun.

Ohne langes Zögern folgte ich seiner Anweisung, als eine Bö eisige, beißende Abgasdämpfe in das Innere meines Fahrzeuges blies. Schlagartig wurde mir schlecht von dem Gestank, und noch bevor ich überhaupt etwas sagen konnte, drehte sich der Fahrer in meine Richtung und schaute mich mit einem ernsten Blick an.

»Bitte entschuldigen Sie, aber in diesem Zustand haben Sie hier auf der Straße überhaupt nichts verloren. Ich wäre Ihnen fast draufgefahren. Sie sollten umgehend etwas dagegen unternehmen, denn so laufen Sie Gefahr, dass Ihnen etwas Schlimmes passieren könnte. Und das, mein Lieber, wäre wirklich ein Jammer.«

»Oh, ich wollte Sie mit Sicherheit nicht in Gefahr bringen. Haben Sie vielen Dank für den Hinweis. Ich werde mich darum kümmern ...«, antwortete ich zerstreut und für einen kurzen Augenblick überlegte ich doch allen Ernstes, wem seine mahnenden Worte eigentlich galten.

Meinte er mein Auto oder sprach er von mir? Erfreulicherweise musste ich mich nicht weiter damit beschäftigen, da er sich schnell wieder nach vorn drehte und mich in Ruhe ließ. Währenddessen spürte ich, wie der Blick des Kleinen weiter auf mir ruhte.

Für jemanden, der nicht älter als sechs Jahre sein konnte, strahlte er eine unbeschreibliche Ruhe und Gelassenheit aus, und seine warmen und unschuldigen Augen hatten eine fesselnde Wirkung auf mich. Mir fiel es unglaublich schwer, mich wieder auf die Straße zu besinnen, irgendwie hatte er Besitz von mir ergriffen. Noch nie zuvor hatte ich einen so einnehmenden Blick bei jemandem wahrgenommen, und so beharrlich, wie er zu mir herüberschaute, erweckte er in mir das Gefühl, als würde er direkt in mein Innerstes eintauchen und tiefes Mitgefühl mit mir empfinden. Seine Augen sagten mehr, als tausend Worte jemals hätten ausdrücken können. Ich fühlte mich so angenommen und sicher wie lange nicht mehr, und ich wünschte, dass es für immer und ewig so bleiben würde.

Für einige Sekunden vergaß ich sogar den Schmerz in meiner Brust, und die Vergangenheit schien in weiter Ferne. Dass mir dieser Moment für immer in Erinnerung bleiben sollte, hätte ich zu jenem Zeitpunkt nicht erahnen können.

Leider verwandelte sich dieses angenehme Gefühl nach einiger Zeit in das komplette Gegenteil. Plötzlich packte mich eine tiefe Scham, so als hätte mich der kleine Junge gerade bei etwas sehr Schlimmem auf frischer Tat ertappt. Mein angeschlagener Körper meldete sich zurück, und ich musste mich anstrengen, mir meine Schmerzen nicht anmerken zu lassen. Ein leichtes Zittern breitete sich über meinen gesamten Körper aus und die Enge des Autos schnürte mir zusätzlich die Kehle zu. Keuchend rang ich nach Luft, eine Hitzewelle überrollte mich. Das Schlimmste aber war, dass ich überhaupt keine Ahnung hatte, was mit mir los war.

Ich zwang mich, mein Gesicht wieder nach vorn zu richten, um mich auf die Weiterfahrt vorzubereiten. Der kleine Junge beobachtete mich unterdessen mit einem konzentrierten Gesichtsausdruck, während mir auf einmal, ohne einen erkennbaren Grund, dicke Tränen über die Wangen liefen und ich am liebsten im Boden versunken wäre. Merkwürdigerweise deutete sich im Gesicht des Kleinen ein zustimmendes und zufriedenes Lächeln an, als wollte er mir mit diesem Lächeln mitteilen, dass ich mir keine Sorgen mehr zu machen brauchte und alles wieder in Ordnung kommen würde.

»Es ist gar nicht schlimm, wenn du weinst, Tränen tun gut …«, hörte ich seine Stimme sagen, woraufhin ich meine Fensterscheibe hastig nach oben kurbelte, um mich wieder in der schützenden Anonymität meines Autos verstecken zu können.

In jener Situation begann etwas in mir aufzubrechen, das ich selber nicht mochte und das ich während der vergangenen Monate – bis zu jenem Aufeinandertreffen mit dem kleinen Jungen – erfolgreich hatte zurückhalten können.

Als die Ampel auf Grün umschaltete, wischte ich mir die Tränen, mich selbst ermahnend, aus dem Gesicht, drückte meinen Fuß hart aufs Gaspedal und ließ das Fahrzeug neben mir unter hörbar quietschenden Reifen und aufschreiendem Motorengeräusch zurück. Ich blickte nicht nach links und nicht nach rechts und schon gar nicht in den Rückspiegel, bis ich hinter einer dichten Häuserreihe verschwand. Glücklicherweise war der Arzt nicht mehr weit entfernt, und ich versuchte, den kleinen Jungen so schnell wie möglich zu vergessen.

3.

Erkennbar angeschlagen betrat ich durch eine knarrende, hölzerne Eingangstür die Praxis. Wie eigenartig. Anders als die Arztpraxen, die ich bislang kennengelernt hatte, machte diese keinen modernen Eindruck, schon die Tür hatte mich irritiert. Doch nun lag ein langer, menschenleerer und stiller Gang vor mir, lediglich erleuchtet von einigen Oberlichtern, durch die die Sonne hereinschien. Irgendwie lag Gefahr in der Luft, ohne dass ich mir erklären konnte, wie dieser Eindruck entstand. Vielleicht lag es daran, dass der Gang vor mir nicht zu enden schien. Mein erster Impuls war umzukehren, aber dann nahm ich all meinen Mut zusammen und ging leise vorwärts, denn jeder meiner Schritte auf dem glatten Steinboden löste ein Echo aus. An mehreren Türen, an denen ich vorüberging, standen lateinische Namen, mit denen ich nichts anfangen konnte. Endlich fand ich eine Tür mit der Aufschrift »Wartezimmer – bitte eintreten, ohne anzuklopfen«.

Auch der Warteraum entsprach nicht meiner Erwartung. Er war groß genug für hundert Patienten oder mehr. Auf einem der vielen Stühle saß nur ein Mann, der aufblickte, als ich eintrat.

Er trug einen schicken Anzug und hatte eine knallbunte Krawatte um den Hals geschnürt. Sie passte weder zu seinem Äußeren noch zu seinem Alter, das zwischen fünfundfünfzig und fünfundsechzig Jahren liegen durfte. Vor sich hielt er ein Boulevardmagazin ausgebreitet, mit dem er die Wartezeit füllte. Noch wundersamer war die Umgebung, in der er saß, nämlich inmitten zahlreicher Pflanzen unterschiedlichster Art. Sie standen überall im Raum. Einige von ihnen waren meterhoch und ragten bis zur Decke, die sie mit ihrem dichten Blätterwerk und zahlreichen Ästen und Blüten fast vollständig verhüllten. Der gesamte Wartebereich schimmerte dadurch in einem frischen Grünton, und manche der Pflanzen waren so beeindruckend und außergewöhnlich, dass vermutlich nicht nur Naturforscher wahre Freude bei ihrem Anblick empfunden hätten. Aus dem dichten Gestrüpp schaute ein mächtiger Kronleuchter hervor, der aus einem riesigen Hirschgeweih bestand. An den mit Landschafts- und Tierbildern geschmückten Wänden standen gepolsterte Stühle aufgereiht, deren Holz wunderschön verziert war. Manche Schnitzereien zeigten ineinander verschlungene Schlangen, die sich um die graziösen Stuhlbeine wanden, während in das glänzende Holz einiger anderer Stühle Lorbeerblätter, Früchte aus aller Welt und weitere exotische Köstlichkeiten eingeformt waren. In der Mitte dieses merkwürdigen Wartezimmers erhob sich ein prächtiger Tisch aus

Massivholz, auf dem die obligatorischen Unterhaltungszeitschriften bereitlagen. Außerdem war darauf eine große Schale mit satt gelben Zitronen platziert, ein ausgesprochen seltsamer Willkommensgruß. Statt des trockenen Geruchs nach Medizin und Krankheit, wie er für eine Arztpraxis typisch ist, duftete es hier wie in einem frischen Kräutergarten, in dem sich unzählige Gerüche zu einer ganz besonderen Atmosphäre vermischten. Zur Orientierung schaute ich mich erst einmal nach etwas Vertrautem um, was sich jedoch als recht schwierig erwies. Noch nie zuvor hatte ich eine so eigenartige Kombination aus Naturelementen und Einrichtungsgegenständen, wie ich sie mir in einem Märchenschloss vorstellte, in einem Raum gesehen. Als ich dann auch noch bemerkte, dass der Boden vollständig von einer dicken Sandschicht bedeckt war, und ich große Mühe hatte, einen Schritt vor den anderen zu setzen, schlug ich mir endgültig den Gedanken aus dem Kopf, bei einem gewöhnlichen Internisten gelandet zu sein.

Trotz seiner Ungewöhnlichkeit und der zahlreichen eigentümlichen Details berührte mich der Anblick dieses Warteraums nur wenig, er schien sich wie ein grauer Nebelschleier bei Tagesanbruch aufzulösen. Ich fühlte mich durch die Lebendigkeit in diesem Raum wie ein Klumpen Blei im Wasser, und für einen Moment hoffte ich, vielleicht die falsche Eingangstür genommen zu haben. Unmittelbar darauf sah ich jedoch neben der

Garderobe ein kleines Hinweisschild, auf dem in dicken Buchstaben der Satz stand: *Zum Arzt hier entlang und glücklich werden.* Ich schmunzelte kurz und unbedacht über diese amüsante Wegbeschreibung, nahm noch einen tiefen Atemzug und begrüßte den Fremden im Wartezimmer mit einem aufgesetzt freundlichen »Guten Morgen«. Die Reaktion war lediglich ein schwaches Gemurmel. Dann folgte ich auch schon dem Hinweisschild.

In einem kleinen Flur empfing mich die Arzthelferin hinter ihrem Schalter, als hätte sie mich bereits erwartet. Offenbar handelte es sich um eine Muslimin, denn sie trug ein dunkles Gewand und war nahezu vollständig verschleiert. Nur ihre freundlich warmen Augen waren zu sehen.

Nachdem ich ihr mühselig meine Verfassung geschildert und sie mich mit einem heiteren Blick zurück ins Wartezimmer verwiesen hatte, setzte ich mich auf einen Stuhl in einer Ecke. Ich fühlte mich sehr wackelig auf den Beinen und war erleichtert, als ich meinen Körper auf einen der bequemen Polsterstühle fallen lassen konnte. Auch hier im Wartezimmer hatte ich enorme Schwierigkeiten, meine Schmerzen zu verbergen. Daher hoffte ich, so schnell wie möglich ins Arztzimmer vorgelassen zu werden und dort Erleichterung zu finden.

Der Herr mit der bunten Krawatte mir gegenüber erweckte nicht unbedingt den Eindruck, als würde mit ihm irgendetwas nicht stimmen. Er wirkte überhaupt nicht krank, sondern fit und wohlauf. Da fiel es mir plötzlich wie Schuppen von den Augen. Dem Kerl war ich doch kürzlich erst begegnet.

»Das gibt es doch nicht. Das ist ja der Fahrer von vorhin ...«, schoss es mir schlagartig durch den Kopf, während ich mich schnell umschaute, ob sich der kleine Junge vielleicht auch in dem Wartezimmer aufhielt. Aufgrund der vielen dichten Pflanzen im Raum ließ sich das aber nicht sicher klären. Als ich meine Aufmerksamkeit wieder dem Herrn zuwandte, hob der auf einmal seinen Kopf aus der Zeitschrift und streckte mir seine Hand entgegen. Zunächst tat ich so, als wäre ich mit mir selber viel zu beschäftigt, um ihn wahrzunehmen. Als er seinen Oberkörper jedoch zu mir herüberbeugte und mir weiter entschlossen seine Hand zur Begrüßung entgegenhielt, konnte ich ihn nicht weiter ignorieren. Also erwiderte ich verlegen seinen Gruß und schaute mir dabei seine farbenfrohe Krawatte etwas genauer an. Viele verschiedene Quadrate waren zu einem kunterbunten Comic angeordnet. Das größte Quadrat befand sich in der Mitte der Krawatte und zeigte die Umrisse eines durchtrainierten Surfers, der auf einem riesigen Surfbrett offenbar gerade gegen eine mächtige Welle ankämpfte. Oberhalb und unterhalb dieses Motivs zeigten die anderen Quadrate glückliche Menschen und wunderschöne Strände bei Sonnenschein.

»Wo kriegt man denn so eine lustige Krawatte zu kaufen?«, fragte ich danach mehr in den Raum hinein als an ihn gerichtet.

»Hallo noch mal, ich heiße Edgar und habe einen Gehirntumor«, hörte ich ihn antworten, und für einen kurzen Augenblick war ich mir nicht sicher, ob ich ihn richtig verstanden hatte. Nachdem er jedoch unmittelbar darauf den gleichen Satz noch einmal wiederholte und mich dabei konsequent anlächelte, lief es mir eiskalt den Rücken hinunter. Was konnte ich darauf Sinnvolles erwidern?

»Aha, das hört sich aber gar nicht gut an. Sie sehen überhaupt nicht krank aus …«, bekam ich meine Worte nur sehr abgehackt und überrascht heraus. Ich fühlte mich durch seine Gesprächseröffnung total überrumpelt. Anschließend herrschte eine quälende Stille zwischen uns, und ich versuchte noch irgendetwas zu finden, was ich hätte sagen können, aber es fiel mir nichts ein. Daher löste ich meinen Blick von seinem Gesicht und schaute verwirrt zurück auf seine plötzlich lächerlich wirkende Krawatte.

»Na, das hab ich ja toll gemacht. Das ist genau das Richtige, was so jemand in so einer Situation hören möchte«, ging es mir vorwurfsvoll durch den Kopf. Am liebsten hätte ich mich für meine unsensiblen Worte entschuldigt, doch verkroch sich der Herr namens Edgar mit dem Gehirntumor wieder hinter seiner Zeitschrift, ohne für den Rest der gemeinsamen Wartezeit ein weiteres Wort mit mir zu wechseln. Um ehrlich zu sein, war mir das auch ganz recht, denn ich hatte mich ja nicht auf den Weg zu einem Arzt gemacht, um mich dort zu unterhalten, und schon gar nicht, um mich um die Befindlichkeiten anderer zu kümmern.

»Vermutlich hält mich der Kerl jetzt für einen gefühllosen Trampel – oder noch schlimmer, für jemanden, dem das Wohl seiner Mitmenschen gleichgültig ist. Jedenfalls würde ich an seiner Stelle so denken. Verdammt noch mal, warum kann ich auch nicht meinen Mund halten. Hoffentlich kann er trotz seiner schweren Erkrankung noch viele zufriedene Jahre verleben ...«, versuchte ich mich zu besänftigen.

Erst jetzt erinnerte ich mich daran, dass ich ja selber gerade bei einem Internisten saß, weil es mir allem Anschein nach schon seit längerer Zeit nicht gut ging. Für einen kurzen Augenblick hatte ich das vergessen.

Am liebsten wäre ich einfach ungebeten zu dem Arzt hineingegangen, als von draußen ein entsetzlicher Lärm ertönte und der riesige Kronleuchter an der Decke zu schwanken begann. Aufgeschreckt stemmte ich mich von meinem Stuhl hoch. Hinter dem Wartezimmerfenster spuckte der Himmel schon wieder riesige Schneeflocken aus und die gesamte Straße war vollgestopft mit unzähligen Fahrzeugen in den unterschiedlichsten Größen und Farben – offenbar eine Zirkuskolonne;

gewöhnliche Pkws, größere Transporter, Traktoren und riesige Lastwagen, die allesamt in einem donnernden Radau und hupend über den matschigen Asphalt ratterten und die winterstarren Häuser des Wohnviertels zum Zittern brachten. Riesige Schneeklumpen und Eiszapfen stürzten dadurch von den Dächern und überall flog aufgewirbelter Schnee und Dreck umher. Ich war heilfroh, dass ich mich an einem warmen und trockenen Ort befand, als ich plötzlich auf einem der vielen Lastwagen einen großen, bunten Schriftzug erkannte. Mit einem Mal fühlte ich mich in eine angenehmere Zeit versetzt, derweil ich las und leise die Worte *»Zirkus des Lebens«* vor mich hersagte. Hin und wieder konnte ich durch die Fenster einiger Fahrzeuge einen flüchtigen Blick in deren Inneres erhaschen und die Fahrerinnen und Fahrer beobachten. Edgar und mein Arztbesuch waren erst einmal vergessen.

In einem orangefarbenen Transporter, dessen gläserne Karosserie mit Palmen bedruckt war, die vor einer strahlend gelben Sonne in die Höhe ragten, lag eine riesige Schildkröte. Sie bewegte sich keinen Zentimeter, während ein Dutzend Affen um sie herumhampelten und wie besessen von einer Seite zur anderen sprangen. Die Schildkröte ließ sich von dieser Hektik überhaupt nicht stören. Sie blickte entspannt aus dem Fahrzeug hinaus und beeindruckte mich durch ihre Ruhe und Gelassenheit. In einem etwas größeren Lastwagen waren zwei Löwen zu sehen, die in ihren separaten Abteilungen auf und ab marschierten und sich immer wieder mit ohrenbetäubender Lautstärke anbrüllten. Es wirkte fast so, als würden sie gerade einen Konflikt miteinander austragen, den sie schon ihr Leben lang geführt hatten. Ich war begeistert von ihren glänzenden Mähnen und ihrer Schönheit. Den Abschluss der Fahrzeugkolonne bildete ein roter Lastwagen, durch dessen breite Luke ein riesiger Elefant soeben seinen langen Rüssel herausstreckte und laut trompetete. Für einen Moment überlegte ich, ob seine Geste mir galt, als ich auch schon das Fenster aufriss und ihm lächelnd hinterherwinkte. Als sich die bunte Kolonne immer weiter entfernte, verstummte der Lärm allmählich. Ich blieb noch kurz am Fenster stehen, als ich ein anderes Geräusch hörte. Die Eingangstür des Wartezimmers ging auf und der kleine Junge mit der knallroten Baseballkappe kam herein.

»Da bist du ja wieder«, sagte ich erstaunt, während er sich den Schnee von seinen Schultern klopfte. Dann durchquerte er schnurstracks das Wartezimmer in Richtung Flur, ohne mich eines Blickes zu würdigen. Das wunderte mich sehr, da er seine Augen nicht von mir lassen konnte, als wir uns das erste Mal begegnet waren. Edgar ließ sich von seinem Erscheinen offenkundig nicht beeindrucken; es schien fast, als hätte er ihn gar nicht bemerkt.

Ein weiteres Mal quälte ich mich von meinem Stuhl hoch, um nachzusehen, ob er im Flur stehen geblieben war, um mit der Arzthelferin ein paar Worte zu wechseln, oder ob er direkt in das Behandlungszimmer hineingegangen war. Die junge Frau telefonierte gerade und kritzelte dabei etwas in ihren überquellenden Terminkalender hinein, derweil ich dicht an ihrem Pult vorbeitaumelte. Von dem Kleinen war nichts zu sehen. Offenbar war er schon beim Arzt.

In diesem Moment wurden meine Schmerzen stärker und ich spürte ein heißes Stechen in meiner Brust. Vielleicht konnte ich mich im Toilettenraum etwas abkühlen. Wenige Augenblicke später stand ich vor einem großen Spiegel und blickte mir tief in die eigenen Augen. So desolat hatte ich noch nie ausgesehen. Mein Äußeres wirkte wie mein Inneres und ich musste zweimal hingucken, um mich selbst zu erkennen. Ich schien um Jahre gealtert und nicht mehr der zu sein, der ich hätte sein können. Gleichwohl versuchte ich einen klaren Kopf zu bewahren und mich von meinem Anblick nicht einschüchtern zu lassen. Ich zog aus dem Spender einen Stapel Papiertücher, hielt ihn unter den laufenden Wasserhahn und drückte mir das tropfende Bündel fest gegen die Stirn. Überall lief Flüssigkeit an mir herunter und ich hoffte, mich dadurch etwas entspannen zu können. Die kurze Abkühlung war nutzlos, ich fühlte mich nach wie vor sehr schlecht. Es kostete mich einen eigenen Entschluss, ins Wartezimmer zurückzukehren, derweil ich der fremdartigen Person im Spiegel einen letzten Blick zuwarf.

Anschließend hangelte ich mich, einen Schritt vor den anderen setzend, gemächlich an der Wand des kleinen Flurs entlang, bis die Schmerzen auf einmal unerträglich wurden, ich ein grelles Licht wahrnahm und es kurz darauf dunkel um mich wurde.

4.

Das Nächste, woran ich mich erinnern konnte, war ein weißer Schleier vor meinen Augen, der immer mehr verblasste, während sich mein Körper in eine weiche Unterlage hineindrückte. Ich fühlte mich total benommen und hatte überhaupt keine Ahnung, wo ich mich befand. »Bleib ruhig«, sagte ich mir, »das wird sich irgendwie von alleine aufklären.« Momentan konnte ich nur die verschwommenen Konturen einzelner Bäume erkennen, deren Blätter einen bunten Farbschimmer an der Decke erzeugten.

»Wo auch immer ich mich gerade befinde, hier duftet es wieder sehr angenehm«, überlegte ich noch, während ich einen tiefen Atemzug nahm. Plötzlich standen rechts und links von mir zwei dunkle Gestalten. Sie bewegten sich nicht und verhielten sich ganz ruhig. Lediglich ihren Atem hörte ich, so dass mich ein kalter Schauer durchzog und ich mich ausgeliefert fühlte. Ich wollte aufspringen, um zu fliehen, musste aber feststellen, dass ich meinen Körper nicht bewegen konnte. Meine Arme und Beine gehorchten mir nicht und alle Bemühungen, meinen Oberkörper aufzurichten, blieben ohne Erfolg. Egal wie sehr ich mich auch anstrengte, ich rührte mich keinen Zentimeter von der Stelle. Mein Herz begann zu rasen. Meine Gliedmaßen mussten festgebunden sein, man hielt mich gefangen. Endlich gelang es mir, meinen Kopf etwas anzuheben und mit großer Mühe an mir hinunterzuschauen. Ich war nicht gefesselt. Das erleichterte mich, verbesserte meine Situation jedoch nicht sonderlich.

»Was ist hier los? Wo bin ich verdammt noch mal und warum kann ich mich nicht bewegen?«, schrie ich daraufhin in den Raum hinein, wobei ich bemerkte, dass es mir auch erhebliche Schwierigkeiten bereitete, meine Worte klar und deutlich auszusprechen. Speichel rann mir den Mundwinkel hinunter. Etwas ganz Furchtbares musste mit mir geschehen sein. Auch ein erneuter Versuch, mich aufzurichten, schlug fehl.

Resignierend ließ ich meinen Kopf auf die weiche Unterlage fallen, als eine freundliche Männerstimme ertönte. »Lass dir bitte noch etwas Zeit und setz dich nicht unnötig unter Druck. Du weißt doch, nur die Ruhigen können ihre Kräfte wiederfinden. Wahrscheinlich stehst du nach allem, was dir widerfuhr, noch unter Schock. Mach dir keine unnötigen Sorgen. Es wird sich alles aufklären.« Das konnte nur der Arzt sein. Seine Stimme klang so nah, als sei er nur wenige Zentimeter von mir entfernt, und hatte einen italienischen Akzent. Ich sah mich nach ihm um, aber vergeblich. Vermutlich stand er direkt hinter mir.

Trotz meiner beunruhigenden Lage störte es mich, dass er mich einfach duzte. Nichts schien hier zu sein, wie erwartet. Immerhin fiel der erste große Schrecken von mir ab, als ich hörte, dass es eine vernünftige Erklärung für meine Situation gab und die dubiosen Gestalten offenbar keine bösen Absichten hatten. Dennoch hatte ich immer noch keine Idee, was das alles zu bedeuten hatte und wo ich mich eigentlich befand. Derweil ich darüber nachdachte, erklang die Stimme erneut.

»Meine nette Kollegin auf der anderen Seite des Bettes hat dich vor einigen Stunden in einem äußerst kritischen Zustand aufgefunden. Zum Glück hat sie mir sofort Bescheid gegeben, damit wir dich gleich behandeln konnten. Dass du dich jetzt etwas schläfrig und benommen fühlst, liegt daran, dass wir dich unter Narkose setzen mussten und dein geschwächter Körper gerade dabei ist aufzuwachen. Bis du aber wieder vollständig hergestellt bist, kann es noch ein Weilchen dauern. Also überstürze bitte nichts und bleib ruhig.«

Erfreulicherweise kehrten einige meiner Erinnerungen zurück und ich realisierte nach und nach, dass ich an jenem Morgen auf dem Weg zu einem Arzt gewesen war und dass ich mich anscheinend in dem Behandlungsraum des Hauses befinden musste.

»Mit der netten Kollegin meint er wahrscheinlich die Arzthelferin an der Rezeption«, schlussfolgerte ich, wobei ich mich damit abquälte, meinen Kopf in die Richtung der Arzthelferin zu drehen.

»Du hattest einen schweren Zusammenbruch«, ertönte die besonnene Stimme des Internisten abermals, und ich konnte kaum glauben, was er da sagte. »Genauer gesagt lagst du zitternd am Boden und hast wild um dich geschlagen. Als meine Kollegin auf dich zutrat, hast du in flehendem Ton davon geredet, dass es dir leidtut und du es wiedergutmachen möchtest. Außerdem hast du dich immer wieder mit schmerzverzerrtem Gesicht an die Brust gefasst und krampfhaft nach Luft gerungen. Wir haben dann sofort Erste-Hilfe-Maßnahmen ergriffen. Aber das war gar nicht so einfach in deinem Zustand, wir wollten dich ja nicht unnötig verunsichern, war aber für uns auch nichts Ungewöhnliches. Das kommt bei uns schon mal vor.«

In diesem Augenblick wusste ich überhaupt nicht mehr, wo mir der Kopf stand. Zu meiner Erleichterung bemerkte ich, dass ich tatsächlich wieder Herr über meinen Körper wurde und meine Arme und Beine etwas spüren konnte. Mein Oberkörper war jedoch noch schwer wie Blei, so dass meine Kräfte noch nicht ausreichten, um aufzustehen. Der Arzt und die Arzthelferin rührten sich nicht von der Stelle und verharrten wie zwei starre Säulen neben mir.

»Nachdem wir dir ein paar Beruhigungsmittel verabreichen konnten«, vernahm ich den Arzt erneut, »und du erfreulicherweise einer Narkose zugestimmt hast, haben wir dich gründlich untersucht. Wir konnten einige wichtige Erkenntnisse zusammentragen und würden dir jetzt gerne die Ergebnisse mitteilen. Aber nur, wenn du das auch möchtest und dich dazu in der Lage fühlst …«

»Weshalb sollte ich dazu nicht in der Lage sein? Warum sagen Sie das so komisch und warum duzen Sie mich eigentlich?«, reagierte ich verunsichert, woraufhin er freundlich mit dem Kopf zu nicken schien, als hätte er diese Fragen erwartet.

»Wie du ja vielleicht schon gemerkt hast, handelt es sich bei uns um kein gewöhnliches Ärztehaus. Unser Behandlungskonzept ist etwas andersgeartet und wir orientieren uns an anderen Maßstäben. Beispielsweise fragen wir lieber erst einmal nach, ob man unsere Hinweise und Empfehlungen überhaupt hören möchte, bevor wir mit der Behandlung anfangen. Viel zu oft haben wir die Erfahrung gemacht, dass jemandem etwas geraten wurde, ohne dass die Person es auch wirklich hören wollte, geschweige denn, dass sie danach gefragt hätte. Das wollen wir nicht wiederholen. Und bitte glaube mir, wir würden es auch ohne Widerworte akzeptieren, wenn unsere Hinweise nicht erwünscht wären. In diesem Fall würden wir uns wieder zurückziehen, denn so wichtig wollen wir uns gar nicht nehmen. Was die Förmlichkeiten angeht, so lass uns damit keine Zeit vergeuden und das Thema einfach überspringen …«, antwortete er schmunzelnd, während ich überlegte, ob ich nach seinen sonderbaren Erklärungen überhaupt noch wissen wollte, was mit mir nicht in Ordnung war.

Glücklicherweise baute sich die Narkose weiter rasch ab. Daher konnte ich auch wieder vollständig sehen und mich aufsetzen. Die Arzthelferin trug nun weiße, ganz normale Arbeitskleidung, war unverschleiert und schien ungefähr in meinem Alter. Wie sie in der Kürze der Zeit ihre Kleider gewechselt hatte – und vor allem warum –, war mir ein Rätsel. Ihrem strahlenden Gesichtsausdruck zufolge schien sie große Freude an ihrer Tätigkeit zu haben und sich sehr wohl an ihrem Arbeitsplatz zu fühlen. Der Arzt hingegen war überhaupt nicht wie üblich gekleidet. Von einem weißen Kittel und dem Ärzte-typischen Stethoskop zwischen den Ohren war keine Spur. Er trug lediglich einen elfenbeinfarbenen Kittel und ebensolche Hosen, die an ihm schlotterten wie an einer Vogelscheuche. Aus seinen abgetragenen Sandaletten schauten die nackten Zehen heraus. Er wirkte unglaublich alt auf mich. Wegen seines langen, weißen Barts und seiner zotteligen, grauen Haare sah er aus wie ein alter Yogi, der mehrere Wochen gefastet hatte und jetzt darauf wartete, mir einen Vortrag über gesunde Lebensweise halten zu dürfen. Deshalb fiel es mir schwer, mehr als einen schrulligen Alten in ihm zu sehen, geschweige denn, ihn als meinen behandelnden Arzt anzuerkennen. Noch viel irritierender waren aber die immense Vitalität und Anziehungskraft seiner Augen sowie seine Aura, die alles um ihn herum einbezog. Nichts schien vor ihm sicher. So mager, alt und wohlwollend er war – ich war mir gewiss, dass er im Notfall eine gefährliche Kraft entfalten konnte. Wer ihn provozierte, würde gewiss den Kürzeren ziehen. Draußen auf der Straße hätte ich diesem alten Kauz wahrscheinlich keine Beachtung geschenkt und ihn möglicherweise als Landstreicher abgestempelt. Hier im Behandlungszimmer genoss er merkwürdigerweise meine volle Aufmerksamkeit und ich befürchtete, in die Hände eines Hypnotiseurs gefallen zu sein. Jedenfalls konnte ich trotz meines erklärlichen Widerstands nicht von ihm ablassen. Derweil ich ihn weiter beobachtete, stieg plötzlich ein erdrückendes Gefühl in mir auf.

»Hier stimmt doch schon wieder etwas nicht«, warnte ich mich selber, bevor ich in meiner Erinnerung kramte, um herauszufinden, ob ich mit so jemandem vielleicht schon einmal Kontakt gehabt haben könnte. In dem Raum war es weiterhin sehr still, als mir ganz flau im Magen und schlagartig klar wurde, warum der Alte mir nicht fremd erschien. Bis auf sein merkwürdiges Gewand und seine scheußliche Frisur sah er genauso aus wie einer jener Friedhofswärter, die sich um das Grab meiner Mutter kümmerten. Ich hatte ihn mehrmals auf dem Friedhofsgelände herumlaufen und Blumen auf ihr Grab ablegen sehen, verspürte aber nie das Bedürfnis, mit ihm ins Gespräch zu kommen. Während ich meiner Erinnerung nachhing, lösten sich einige Blätter von den Bäumen im Raum und wehten sanft durch das Zimmer, um im nächsten Augenblick auf mir liegen zu bleiben. In diesem Moment begann mich die Vergangenheit einzuholen und ihre schweren Schatten über mein Gemüt auszubreiten.

»Wie kann das sein?«, grübelte ich besorgt vor mich hin, »wie kann er auf dem Friedhof tätig sein und gleichzeitig hier als Arzt vor mir stehen? Das ist unmöglich! Es muss sich um eine Verwechslung handeln. Wahrscheinlich sehen sich die beiden einfach nur sehr ähnlich und ich bringe da etwas gewaltig durcheinander. Nicht mehr und nicht weniger.« Während ich damit haderte, begegnete ich den bohrenden Blicken der beiden. Ich schüttelte meinen Kopf und forderte den Alten mit einer unmissverständlichen Geste auf, mit seinen Ergebnissen fortzufahren.

»Schön, dass wir dir helfen dürfen«, fing er in einem euphorischen Tonfall an, was meine Nervosität gleich wieder verstärkte. »Einige Untersuchungen an dir und viele Messungen brachten sehr interessante Resultate.«

»Ja, das sagtest du bereits. Das klingt ja fast so, als wäre ich euer Versuchskaninchen gewesen«, erwiderte ich mit einem erzwungenen Lächeln im Gesicht, um meine Verunsicherung zu kaschieren.

Der Alte brach daraufhin in einen heftigen Lachanfall aus, ja er krümmte sich regelrecht vor Lachen, und ich konnte überhaupt nicht einschätzen, ob es meine Antwort war, die ihn so sehr aus der Fassung brachte, oder ob es einen anderen Grund für sein absonderliches Verhalten gab. Es dauerte jedenfalls lange Sekunden, bis er sich wieder beruhigen konnte und erneut das Wort ergriff.

»Bitte entschuldige, ich möchte nicht unhöflich sein. Es ist nur so, dass viele der Personen, die wir behandeln, das Gefühl haben, als würden wir so eine Art Experiment mit ihnen durchführen. Im weitesten Sinne haben sie damit sogar recht, nur handelt es sich dabei um ein Experiment, bei dem wir die Betroffenen eigentlich nur begleiten und das Ergebnis einzig und allein von ihnen selbst abhängt.«

Ich runzelte die Stirn. Seine abstrakten Ausführungen hatten mich zusätzlich verunsichert, was der Alte irgendwie zu spüren schien.

»Ich würde es dir gerne so erklären: Du scheinst ja hier zu sein, weil es dir nicht wirklich gut geht und du wieder gesund werden möchtest. Sehe ich das richtig?«

»Ja, richtig! Warum sollte ich denn sonst hier sein?«

»In der Tat, warum solltest du sonst hier sein. Da sind wir uns also schon mal einig. Nun ist es aber so: Die meisten, die bei uns an die Tür klopfen, haben ihre Schwierigkeiten damit, dass Gesundheit oder besser gesagt ein gesundes Leben kein Ziel beziehungsweise kein erreichbarer End- zustand sein kann. Vielmehr handelt es sich bei dem Ganzen eher um einen Prozess.«

»Einen Prozess?«, wiederholte ich eilig seine Worte.

»Ja, und zwar ein Prozess, bei dem es weniger darum geht, wohin man fährt und wann man dort ankommt. Sondern viel eher geht es um die Art und Weise, *wie* man fährt.«

»Aha, wie man fährt. Besser nicht mit einem de- fekten Auto«, reagierte ich mit einem ironischen Unterton in der Stimme, was den Alten nicht son- derlich irritierte.

»Schon gut, mach ruhig noch deine Scherze. Du wirst hoffentlich bald merken, dass ich dir helfen möchte.«

»Gut, dann sag mir einfach, was mit mir nicht stimmt!«

»In Ordnung, dann beschreibe ich erst einmal die Routineuntersuchungen. Zu den anderen Din- gen kommen wir dann später noch. Wir konnten einige wichtige Messungen zur Funktionsfähigkeit deiner inneren Organe Herz, Leber und Nieren machen. Hier sind wir leider zu keinem positiven Ergebnis gekommen.«

»Oh nein, das klingt ja überhaupt nicht gut. Ich hoffe, es ist nicht ganz so schlimm, wie es sich ge- rade anhört«, reagierte ich kleinlaut, als könnte ich das Ergebnis dadurch noch irgendwie beeinflussen.

»Deine gesamten Werte befinden sich in einem sehr kritischen Bereich. Neben deutlichen Anzeichen eines übermäßigen Alkoholkonsums haben wir auch auffällige Auswirkungen einer erhöhten Einnahme von Schmerzmitteln festgestellt. Das bedeutet, dass deine inneren Organe ganz schön damit zu kämpfen haben, das Gift abzubauen, das du dir tagtäglich zuführst.«

»Jaaaa, da magst du wohl recht haben. In der letzten Zeit hatte ich sehr viel um die Ohren und bin mit meinem Körper nicht besonders gut umgegangen«, versuchte ich mich aus der Affäre zu ziehen.

»Die Zeit für Ausreden ist vorbei, dafür arbeitet dein Körper inzwischen zu oft am Limit. In deinem Blut haben wir einen hohen Pegel an Stresshormonen gemessen. Das weist darauf hin, dass dein Organismus permanent von Stresswellen überflutet wird und dein Herz ständig auf Hochtouren arbeitet. Das ist ein wesentlicher Grund dafür, warum du dich hier befindest und im Flur zusammengebrochen bist. Stress kann auf Dauer schwere Beeinträchtigungen nach sich ziehen, und um ehrlich zu sein, war das heute möglicherweise nur der Vorbote eines Herzinfarktes. Für den Moment hattest du noch einmal großes Glück – oder sollte ich besser sagen, dein Schutzengel hat ganze Arbeit geleistet? Gott sei Dank konnten wir dich sofort versorgen. Wäre dir das draußen auf der Straße passiert, dann wäre die Angelegenheit unter Umständen etwas anders ausgegangen.«

Nun kam der Alte ganz dicht an mich heran und schaute mir dabei tief in die Augen.

»Was deinen Kopf anbelangt, so sind wir noch dabei, die endgültigen Ergebnisse zu sammeln. Vielleicht konntest du Edgar kennenlernen. Er kam vor einiger Zeit zu uns und begab sich in Behandlung. Mittlerweile ist er auf einem guten Weg und du könntest von ihm sehr viel lernen und dir einiges abschauen.«

»Bitte was?«, fragte ich überstürzt nach, ohne auf seine Antwort zu warten. »Ja, ich weiß, wer Edgar ist. Er hat sich kurz vorgestellt und mir von seiner schweren Erkrankung berichtet. Aber viel mehr hat er nicht gesagt.«

»Bitte entschuldige, wenn es um Edgar geht, dann schweife ich gerne mal ab. Bevor wir aber zu ihm kommen, lass uns bitte erst einmal mit den vorhandenen Messwerten zu deinem Gesundheitszustand weitermachen. Wenn wir alle Ergebnisse zusammentragen und ganz nüchtern betrachten, dann ist eines klar: Du solltest das Thema nicht einfach unter den Teppich kehren. Für heute bist du noch einmal mit einem blauen Auge davongekommen. Mit diesen Werten wirst du aber höchstwahrscheinlich nicht sonderlich alt. Wenn du jetzt nicht damit anfängst, dir Zeit für deine Gesundheit zu nehmen, dann wirst du mit großer

Sicherheit später einmal sehr viel Zeit für die Krankheit opfern müssen. Vorausgesetzt, es bleibt dir dann noch etwas Zeit übrig.«

Diese Einschätzung meiner gesundheitlichen Verfassung verschlug mir schlichtweg die Sprache. Ich hatte ja schon damit gerechnet, dass es um meine Gesundheit nicht optimal bestellt war. Dass es aber so schlecht aussieht, hätte ich niemals gedacht. Darüber hinaus wunderte ich mich sehr, warum der alte Arzt Edgar erwähnte und diese merkwürdigen Andeutungen machte.

»Vielleicht habe ich ja auch einen Gehirntumor und meine ständigen Kopfschmerzen sind die Folge davon?«, fragte ich mich plötzlich, versuchte aber sogleich, mich auf andere Gedanken zu bringen und weitere Fragen gar nicht zuzulassen.

Anschließend zogen sich der Internist und die Arzthelferin zu meiner großen Verwunderung zurück und ließen mich in dem ungewöhnlich eingerichteten Behandlungszimmer allein. Sie drehten sich einfach um und gingen ohne ein weiteres Wort zur Tür hinaus. Ich war fassungslos. Dabei hatte ich zu diesem Zeitpunkt überhaupt noch keine Vorstellung davon, dass es sich bei dem Ganzen erst um die Spitze des Eisbergs handelte.

5.

Die niederschmetternde Diagnose des Arztes hatte mir den Boden unter den Füßen weggerissen. »Ich bin schwerkrank, ich bin schwerkrank«, hallte es durch meinen Kopf, als ich auf einmal ein lautes Geräusch hinter der Tür des Behandlungszimmers vernahm und sich erneut einige Blätter von den Ästen einzelner Bäume lösten und auf mein Bett herabfielen. Das Geräusch klang wie ein dumpfes, sekündlich lauter werdendes Trampeln. Zunächst vermutete ich noch den Arzt und die Arzthelferin dahinter und war gespannt darauf zu erfahren, welches Rezept sie mir wohl gegen meine Beschwerden mitbringen würden.

»Ich habe so viele Fragen«, rief ich quer durch den Raum, während sich die Tür langsam öffnete. Doch was die Türschwelle überschritt, war weder der Arzt noch seine Helferin, sondern eine riesige Gestalt, von der ich anfangs nur die schwarze Silhouette erkennen konnte. Sie wirkte innerhalb des Türrahmens wie ein großer, schwebender Engel mit ausgebreiteten Flügeln. Ich rieb mir ein paarmal verblüfft die Augen. Vielleicht war das ja eine Nachwirkung der Narkose? Doch dann packte mich der Schrecken und ich verkroch mich wie ein kleines, ängstliches Kind unter der Bettdecke.

»Das ist unmöglich!«, schoss es mir durch den Kopf, während ich die Decke vorsichtig für einen kleinen Spalt anhob. Was meine Augen da am anderen Ende des Raumes erblickten, konnte ich kaum glauben. Das war kein Engelskörper, an dem sich rechts und links großflächige Flügel ausbreiteten, sondern ein Elefantenkopf mit gigantischen Ohren.

Plötzlich sprang hinter dem riesigen Elefanten eine weitere Figur hervor. Es war der Junge mit der knallroten Baseballkappe, der zwei Sekunden später vor meinem Bett herumhampelte und mich freudig durch den kleinen Sichtspalt anlächelte. Sein Lächeln wäre wahrscheinlich ansteckend gewesen, wenn ich mich nicht so schlecht gefühlt hätte und das alles nicht so verrückt gewesen wäre. Noch verrückter aber war, dass sich mit dem nächsten Wimpernschlag der Raum mit unzähligen gelben Schmetterlingen füllte. Sie kamen in einem unendlich langen Schwarm zur Tür hereingeflogen und ließen sich überall auf den Einrichtungsgegenständen des Behandlungszimmers nieder. Hastig riss ich mir die Decke vom Leib und richtete meinen Oberkörper auf. Um die Halluzination abzustellen, kniff ich mir zuerst kräftig in die Schulter und gab mir anschließend eine Ohrfeige. Sofort verspürte ich ein leichtes Brennen auf meiner Wange, doch der schräge Film, der sich direkt vor mir abspielte, blieb. Im nächsten Moment wackelte und dröhnte der gesamte Raum. Ich hatte große Mühe, nicht von meinem Bett herunterzufallen, und grub meine Finger tief in die weiche Unterlage, als ich erkannte, dass der Elefant gerade dabei war, seinen gewaltigen Körper in meine Richtung zu manövrieren. Überall fielen Blätter und Äste herab und mir stockte der Atem. Aufgeschreckt schaute ich zu dem kleinen Jungen, um zu sehen, was er von dem Ganzen hielt. Er wirkte neben dem riesigen Tier wie ein kleiner, funkelnder Stern im weiten Universum, schien aber keine Angst zu haben. Ganz im Gegenteil, er verhielt sich total entspannt, während er das faszinierende Schauspiel betrachtete und den zarten Flügelschlag der Schmetterlinge beobachtete. Ich hingegen zweifelte an meinem Verstand und überlegte, ob ich nicht lieber einen Psychiater hätte aufsuchen sollen, um mich auf dessen lederner Couch behandeln zu lassen. Vermutlich wären mir dann jene Unannehmlichkeiten erspart geblieben. Da fiel der Kleine plötzlich in das Summen der Schmetterlinge ein und begann mit seinem zierlichen Körper zu schunkeln. Der Elefant hatte sich in der Zwischenzeit direkt vor meinem Bett postiert, und ich musste mitansehen, wie er sich zu mir herunterbeugte und dabei sein Maul ganz langsam öffnete. Mit einem hilflosen Blick starrte ich ihn an und brauchte einen kurzen Moment, um zu realisieren, was er vorhatte. Jetzt hämmerte mein Herz wie ein

Gefangener gegen die Gitterstäbe, Todesangst überwältigte mich. Offenbar wollte mich der riesige Dickhäuter gerade mit einem einzigen Happs verspeisen. »Eigentlich«, dachte ich, »sind Elefanten Pflanzenfresser«, dennoch rollte ich mich reflexartig zusammen und hoffte auf einen schmerzfreien Tod. Wenige Augenblicke später stellte ich fest, dass ich immer noch ganz war und der Elefant seelenruhig auf ein paar Blättern herumkaute. Am liebsten hätte ich laut aufgeschrien, um auf meine Situation aufmerksam zu machen und jemanden aus dem Ärztehaus zu Hilfe zu rufen, doch aus unerklärlichen Gründen tat ich es nicht. Vielmehr hörte ich plötzlich die Stimme des kleinen Jungen zu mir sprechen.

»Hallo, mein lieber Freund, ich bin so froh, dich wiederzusehen. Du kannst dir gar nicht vorstellen, wie lieb ich dich habe. Schön, dass wir uns gefunden haben. Außerdem freue ich mich, dir meinen dicken Kumpel vorstellen zu dürfen. Er lebte früher in einem Zirkus, und wahrscheinlich wirst du noch viel Freude mit ihm haben.«

Nachdem der Junge das gesagt hatte, war ich noch irritierter als zuvor. Ich fand seine Worte total absurd. Da er aber noch ein kleines Kind war, fragte ich auch nicht großartig nach, sondern stufte sein Verhalten als kindliche Naivität ein. Dass ich ihn an dieser Stelle maßlos unterschätzte, war mir in jenem Augenblick überhaupt nicht bewusst. Unabhängig davon musste ich mir irgendwie

Klarheit über diese ganze Geschichte verschaffen; musste verstehen, was hier geschah. Also rollte ich mich mit weit aufgerissenen Augen und vielen Schmetterlingen auf meinem Körper vom Bett herunter und torkelte wie ein Betrunkener an einigen Bäumen vorbei in Richtung Rezeption. Ich wollte der Arzthelferin von den sonderbaren Ereignissen berichten, auch um sicherzugehen, dass ich nicht wahnsinnig geworden war und halluzinierte. Unglücklicherweise war die junge Dame verschwunden. Ein Blick ins große Wartezimmer zeigte mir, dass Edgar, den ich als Zeuge hätte einbeziehen können, auch nicht mehr da war. Der weiterhin nach Kräutern duftende Raum wirkte immer noch wie ein lebhafter Urwald voller Bäume, Pflanzen und Buschwerk auf mich, in dem jedoch keine Menschenseele mehr anzutreffen war.

»Was ist hier bloß los? Bin ich jetzt komplett übergeschnappt?«, murmelte ich verzweifelt vor mich hin. »Ich muss mich entspannen. Es wird schon eine vernünftige und logische Erklärung für alles geben.«

Anschließend schritt ich zurück in das Behandlungszimmer und sah, dass der kleine Junge wie auch der Elefant nach wie vor anwesend waren. Am liebsten hätte ich einfach wieder umgedreht und wäre gegangen, aber irgendetwas hielt mich zurück. Somit schlängelte ich mich erneut an einigen Baumstämmen vorbei zurück zu der Liege, die im Zentrum des Raumes wie der Mittelpunkt der

Erde wirkte. Während ich es mir darauf so gemütlich wie möglich machte, vernahm ich die behutsame Stimme des kleinen Jungen ein weiteres Mal.

»Beruhige dich bitte und mach dir nicht immer so viele Gedanken über Sachen, die du nicht beeinflussen kannst. Mein großer Begleiter wird dir nichts antun. Vertrau mir bitte und lass dich auch mal auf das Ungewisse ein, auch wenn es dir schwerfällt. Ich möchte lediglich, dass du mir aufmerksam zuhörst und meiner kurzen Geschichte lauschst. Wenn ich damit fertig bin, wird der Arzt zurückkommen, und du kannst dann entscheiden, ob du dich behandeln lassen möchtest oder nicht.«

»Jetzt will der kleine Junge mir auch noch eine Geschichte erzählen«, wunderte ich mich, kurz bevor der riesige Elefant mit seinem langen Rüssel einmal quer durch den Raum wedelte und das Schwirren der aufgescheuchten Schmetterlinge mir wie eine sanfte Melodie in die Ohren drang.

»Wo zum Teufel ist bloß der Arzt und was ist hier los?«, fragte ich den Jungen mit ernster Stimme und hoffte, doch noch eine gute Erklärung für alles zu erhalten.

»Mach dir keine Sorgen. Wie gesagt, ich habe dich unglaublich lieb und dir wird nichts passieren. Bitte glaube mir, der Arzt wird gleich wieder zurückkommen«, antwortete er mir, und ich wunderte mich erneut über seine eigenartig unkindlichen Formulierungen. Das war zwar nicht die erhoffte Antwort, dennoch war ich froh zu hören, dass der Arzt bald wieder da sein würde. Er würde mir mit Sicherheit sagen können, warum mir der Junge und der Elefant erschienen waren und was das alles zu bedeuten hatte, ungeachtet der Tatsache, dass er selber ja nicht unbedingt einen seriösen Eindruck auf mich machte.

»Also gut, ich höre dir zu, aber bitte halte den Elefanten im Zaum«, ermahnte ich den Kleinen eindringlich, während ich mir die riesige Kreatur etwas genauer anschaute.

Diese Tiere mit ihren großen Stoßzähnen und kräftigen Beinen hatten mich schon immer fasziniert. Als ich noch ganz klein war, ging meine Mutter oft mit mir in den Zirkus. Wir schauten den Dompteuren und ihren treuen Begleitern bei ihren einstudierten Kunststückchen zu und ich fand immer großen Gefallen an den Fähigkeiten und Fertigkeiten der Elefanten. Es beeindruckte mich, dass sie sich trotz ihrer Masse und Größe so geschmeidig und elegant fortbewegen konnten. Außerdem genoss ich die gemeinsame Zeit mit meiner Mutter und war froh, dass sie an meiner Seite war. Zu meinem Bedauern haben wir diese Ausflüge später immer seltener unternommen, und irgendwann überhaupt nicht mehr. Deshalb musste ich einen Weg finden, um diese gemeinsamen, schönen Momente stets festhalten zu können und sie nie wieder loslassen zu müssen. Leider sollte mir das aber nie so richtig gelingen. Nachdem sie dann gestorben war, verkam die Erinnerung an die

Zirkusaufenthalte zu einem nicht enden wollenden Schmerz.

Ich hatte Tränen in den Augen, als ich den Jungen wieder ansah. Jetzt war ich doch gespannt darauf zu hören, was für eine Geschichte er mir erzählen würde.

»Ich weiß von deiner Begeisterung für Elefanten und es ist mir auch bekannt, dass du in deiner Kindheit mit deiner Mutter oft im Zirkus warst«, begann er in einem ruhigen Tonfall und mich überkam das unangenehme Gefühl, als würde er meine Gedanken lesen können.

»Du hast dich immer ganz nach vorn in die erste Reihe gesetzt, um den besten Blick auf die faszinierende Zirkuswelt mit all ihrem Glanz und Glamour zu haben. Oftmals warst du schon tagelang vor dem Zirkusbesuch aufgeregt und konntest es gar nicht abwarten, zur Vorführung zu fahren.«

Im gleichen Augenblick kam der Elefant wieder ganz dicht an mich heran, so dass seine spitzen Stoßzähne mich fast berührten. Dieses Mal riss er sein Maul aber nicht auf, sondern strich mir mit seinem langen Rüssel behutsam über den Kopf. Mir hatte es schlichtweg die Sprache verschlagen. Woher wusste der Kleine das alles und warum erzählte er mir überhaupt davon? Es gab keine plausible Antwort. Daher ließ ich ihn einfach weiterreden.

»Über all das bin ich bestens informiert, und so überrascht, wie du mich gerade anschaust, hast du dich sicherlich gefragt, woher ich das alles weiß und warum ich dir davon erzähle.«

Schon wieder hatte er ins Schwarze getroffen. Er wusste, was ich dachte. Mir kam das alles höchst seltsam vor.

»Noch seltsamer, als der bisherige Morgen eh schon war, kann es ja fast gar nicht mehr werden«, versuchte ich mein unruhiges Gemüt zu beschwichtigen, als der Elefant auf einmal ein lautes Töröö trompetete, als wolle er mir damit mitteilen, dass ich dem kleinen Jungen weiter aufmerksam zuhören sollte. Spätestens ab diesem Zeitpunkt hätte jemand in dem Ärztehaus darauf aufmerksam werden müssen, dass hier etwas sehr Sonderbares vor sich ging. Doch bedauerlicherweise kam mir weiterhin niemand zu Hilfe. Folglich hatte ich keine andere Wahl, als weiter meine Ohren zu spitzen und ein konzentriertes Gesicht aufzusetzen.

»Woher ich das alles weiß, spielt keine entscheidende Rolle«, fuhr der Kleine fort.

»Ich weiß es einfach und viel wichtiger ist, warum ich ausgerechnet heute – wo es dir doch so schlecht geht – mit dir darüber sprechen möchte.«

»Jetzt bin ich aber gespannt«, entgegnete ich kurz.

»Versteh mich bei dem, was ich dir jetzt mitteilen werde, bitte nicht falsch, aber ich denke, dass es höchste Zeit ist, dir etwas von dem wahren Leben des Zirkuselefanten zu erzählen«, fing er an und zeigte mit ausgestrecktem Zeigefinger auf seinen riesigen Begleiter.

»Ich möchte, dass du sein komplettes Leben kennenlernst, um dir aufzuzeigen, dass nicht immer alles so bezaubernd und perfekt ist, wie es einem Zuschauer auf der Tribüne erscheint.«

Sichtlich erleichtert atmete ich erst einmal tief durch und spürte, wie sich meine Aufregung etwas legte. Ich war schon in Sorge gewesen, dass der Kleine mir etwas unangenehm Wichtiges erzählen würde. Erfreulicherweise wollte er aber nur ein wenig über das Leben dieser riesigen Elefanten philosophieren – nicht mehr und nicht weniger.

»Das ist in Ordnung für mich«, ging es mir begrüßend durch den Kopf, als ich auch schon mit mutiger und selbstsicherer Stimme einwilligte. »Na dann mal los, kleiner Mann, ich bin ganz Ohr.«

»Es freut mich, dass du mir etwas von deiner Aufmerksamkeit schenken möchtest«, sagte er mit strahlendem Gesicht und streichelte dabei mit einer sanften Handbewegung über die breite Stirn des inzwischen neben ihm knienden Elefanten.

»Ich erwähnte ja bereits, dass mein Freund früher einmal in einem Zirkus lebte. Er verbrachte dort mehrere Jahre und das Verrückte ist, dass du ihn sogar kennst.«

»Bitte was?«, fragte ich total überrascht nach und schaute ihn verblüfft an.

»Ja, er ist es. Er ist einer der Zirkuselefanten von damals, auf seinem Rücken durftest du als kleines Kind einmal reiten. Die Zirkusvorstellung war gerade vorbei und deine Mutter kam mit dir an der Hand zur Bühne hinuntergelaufen. Dort fragte sie den Dompteur, ob noch etwas Zeit übrig wäre, um die Elefanten aus nächster Nähe betrachten zu können. Der Dompteur war ein außerordentlich netter und sympathischer Mensch und gegenüber den Elefanten immer eine treue Seele. Deine Mutter verstand sich sehr gut mit ihm, und er schien sich über ein Gespräch mit ihr sehr zu freuen. Er machte den Vorschlag, dass du in der Manege eine Runde auf dem Rücken des Elefanten reiten könntest. Du warst total begeistert von der Idee, und noch bevor deine Mutter irgendetwas erwidern konnte, warst du auch schon auf den Elefanten geklettert. Zum Glück war er damals noch nicht so groß wie heute.«

Während der kleine Junge darüber sprach, spürte ich auf einmal eine tiefe Traurigkeit in mir aufsteigen. Woher wusste er nur so viele Einzelheiten über mich?

»Ihr hattet an jenem Tag einen sehr schönen und unvergesslichen Ausflug«, fügte er noch schnell hinzu, als ich ihn auch schon unterbrach, um das Gespräch in eine andere Richtung zu lenken.

»Jetzt verrate mir doch bitte endlich, was du von mir willst und warum du mir das alles erzählst!«, forderte ich ihn auf, worauf er mich weiterhin sehr fröhlich anschaute und es offenbar genoss, mich noch ein wenig zappeln zu lassen.

»Ich möchte, dass du weißt, um welchen Elefanten es sich hier handelt. Das wird wichtig sein, damit du die kommende Geschichte besser einordnen kannst«, entgegnete er mir mit gelassener Stimme und lehnte sich an den riesigen Kopf des Elefanten, was dieser mit einem tiefen, freundlichen Brummen quittierte.

6

Also gut, dann hör bitte auf, es so spannend zu machen, und erzähl mir endlich, was für eine Geschichte du meinst«, sagte ich zu dem kleinen Jungen. Das erfreute ihn so sehr, dass er ausgelassen im Zimmer umherhüpfte und dabei so aufgeregt um den riesigen Elefanten herumsprang, dass ich befürchtete, dieser würde sich durch die hektischen Bewegungen des Kleinen angegriffen fühlen. Glücklicherweise ließ der Graue sich überhaupt nicht aus der Ruhe bringen und blieb weiter ganz entspannt. Nachdem sich der Kleine ausgetobt hatte, kam er wieder zu mir ans Bett. Zu meiner Verwunderung machte er plötzlich ein ernstes Gesicht und wirkte dabei mindestens zehn Jahre älter.

»Wie sich damals herausstellen sollte, war nicht alles in dem Zirkus so grandios, wie es dem Zuschauer oftmals vorgegaukelt wird. Ich sehe noch die vielen Zeitungsartikel direkt vor mir, mit ihren schockierenden Überschriften: *Zirkusskandal! Unwürdige Lebensbedingungen! Tierquälerei! Schreckliche Verhältnisse!* Und das waren noch die harmlosesten Formulierungen. Es gab kaum ein Blatt, das nicht von den Missständen berichtete. Einige Zeitschriften zeigten mit Bildern, wie grauenhaft das Leben für die Tiere in dem Zirkus wirklich war. Zum Glück warst du damals noch viel zu klein, um das alles richtig mitzubekommen.«

Nach dieser kurzen Einleitung machte der kleine Junge für einige Sekunden eine Pause und schaute mir dabei tief in die Augen. Zunächst wirkte es so, als würde er meine Reaktion beobachten und ein paar schlaue Worte von mir erwarten. Ich blickte ihn jedoch nur schulterzuckend an und fragte mich, wie er davon wissen konnte, da er zu der angesprochenen Zeit ja noch gar nicht geboren war. Doch fuhr er mit seinen Ausführungen zügig fort und ließ mir keine Gelegenheit für weitere Zweifel.

»Selbstverständlich möchte ich nicht alle Zirkuswelten über einen Kamm scheren, sondern lediglich über diesen einen Zirkus sprechen. Die große Mehrheit ist mit Sicherheit bestrebt, artgerechte Lebensbedingungen zu schaffen und dafür zu sorgen, dass es ihren Tieren auch gut geht. Bei dem besagten Zirkus stellte sich heraus, dass die Elefanten einen besonders schweren Stand hatten. Man mag es sich gar nicht vorstellen, aber die meisten erhielten in ihrem gesamten Leben nie die Gelegenheit, sich ihre borstige Haut an einem dicken Baumstamm zu reiben. Nur die wenigsten wussten, wie es sich anfühlt, unter freiem Himmel durch weichen Matsch zu stapfen und dabei die Kraft des leuchtenden Mondes oder der strahlenden Sonne aufzusaugen oder sich nach einer längeren Wanderung in einer feuchten Oase ein Entspannungsbad zu gönnen. All das, was ein Leben in Freiheit lebenswert macht, wurde ihnen verwehrt. Einige der Elefanten wurden sogar geschlagen und die meiste Zeit wurden sie mit Essensentzug bestraft und gequält.«

»Das klingt ja grausam ...«, kommentierte ich teilnahmsvoll.

»Das ist es auch, aber um ehrlich zu sein: Dieser Zirkus machte bei genauerer Betrachtung schon immer einen sehr zwiespältigen Eindruck – außen hui und innen pfui. Bereits nach den ersten Veranstaltungen machte in Zirkuskreisen schnell die Runde, dass dort etwas nicht stimmte und die Elefanten an einem anderen Ort besser aufgehoben wären. Jeden verdammten Abend standen sie ausgehungert und gedemütigt im Rampenlicht der brennenden Scheinwerfer, und unzählige Menschenaugen schauten begeistert von den Rängen zu ihnen hinunter. Sie erfreuten sich daran, wenn der Elefant auf einen Befehl oder einen Peitschenhieb des Dompteurs hin ein Bein in die Luft schwang oder er mit seinem langen Rüssel einen Gegenstand von A nach B transportierte. Folgte er unterwürfig den Weisungen des Dompteurs, jubelte das Publikum und die Schreie ungehaltener Kinder, das Klatschen ihrer Eltern drangen aus dem Zirkuszelt nach draußen. Du kennst das ja. Die Vorstellung war ein großer Erfolg, den es am nächsten Tag zu wiederholen galt. Blieb der gewünschte Applaus jedoch einmal aus, weil der Elefant – noch erschöpft vom Vorabend – nicht exakt das machte, was man sich von ihm wünschte, wurden Anzahl und Härte der Peitschenhiebe erhöht und die bis dahin freundlichen Aufforderungen des Dompteurs wurden rauer. Fatalerweise unternahm lange Zeit niemand etwas gegen diese Tierquälerei. Die meisten, die mit dem Zirkus in Berührung kamen, sahen entweder weg oder taten so, als sei alles in bester Ordnung. So vergingen mehrere Monate, in denen die fragwürdigen Zirkusleute ungestraft davonkamen und der erste Elefant an seinem Leid fast zugrunde ging.«

Im nächsten Moment sah ich, wie ein paar Tränen über sein tief betroffenes Gesicht kullerten. Am liebsten hätte ich den Jungen getröstet, aber was hätte ich in meinem Zustand schon Aufmunterndes zu ihm sagen können. Nach Ratschlägen im Sinne von »Du kannst nichts dafür« oder »Es ist nicht deine Schuld« war mir überhaupt nicht zumute.

»Glücklicherweise trat endlich eine Handvoll mutiger Menschen auf die Bildfläche. Mit ihrer Unterstützung konnten Journalisten die unwürdigen Verhältnisse aufdecken. Das führte dann dazu, dass der Zirkus geschlossen und das Personal zur Rechenschaft gezogen wurde. So war mein dickhäutiger Freund gerettet und hatte fortan ein besseres Leben.«

Das kurze Lächeln, das der kleine Junge in Richtung des Elefanten schickte, wich gleich wieder einer ernsten Miene.

»Es macht mich ganz traurig zu wissen, dass er und viele andere Tiere so lange misshandelt wurden, nur damit die Kassen der Zirkusbesitzer klingelten. Allein darüber zu sprechen, macht mich nachdenklich und wütend. Wie ist es den Zirkuselefanten nur gelungen, sich an all die Strapazen zu gewöhnen und die vielen Anstrengungen und Entbehrungen des Zirkuslebens auf sich zu nehmen? Warum befreit sich ein so kräftiges Tier, wie der Elefant es nun einmal ist, nicht einfach aus seiner unglücklichen Situation? Es wäre für ihn doch ein Leichtes, sich von seinen Ketten loszureißen und zu verschwinden. Nur ein kurzer Ruck – und weg wäre er. Aber genau das tut er nicht. Er hält sich weiter an die vorgegebenen Spielregeln, ganz gleich, wie schlecht er behandelt wird. Warum macht er das nur?«

Auch hier machte er wieder eine kurze Pause, und ich spürte, wie mir bei seinen mitfühlenden Beschreibungen ganz warm ums Herz wurde. Ich wünschte, ich hätte noch einige Papiertücher aus dem Toilettenraum bei mir gehabt, derweil ich nach einer Antwort rang.

»Vielleicht, weil er dressiert wurde …«, entgegnete ich dem Jungen unsicher.

»Ich wusste, dass du das sagen würdest.«

»Ach ja, woher?«

»Na ja, es ist die einfachste Antwort, die man darauf geben kann. Ich selber habe lange Zeit so gedacht. Doch warum muss er – wenn er doch so gut dressiert ist und nur das macht, was man ihm sagt – angekettet bleiben?«

Darauf hätte ich keine passende Antwort parat gehabt, doch der Junge sprach in einem schwer zu deutenden Tonfall weiter. Einerseits wirkte er frustriert und angespannt, andererseits strahlte er eine gewisse Erleichterung aus.

»Zu meiner Freude stieß ich eines glücklichen Tages auf jemanden, der mir diese Frage beantworten konnte. Der Zirkuselefant flieht nicht, weil er schon sein ganzes Leben angekettet ist. Als kleiner Elefant wollte er sich selbstverständlich noch befreien, doch damals fehlte ihm die notwendige Kraft, um sich loszureißen; all seine leidenschaftlichen Bemühungen blieben erfolglos. Von Sonnenaufgang bis Sonnenuntergang versuchte er es immer wieder, doch stets ohne Erfolg. Irgendwann schickte er sich in seine Ohnmacht und gab auf. Ab diesem Zeitpunkt war sein Leid nicht mehr abzuwenden und er begann, sein Leben als Zirkuselefant zu akzeptieren. Die Kette wurde ein normaler Teil seines Lebens.«

Der kleine Junge hielt kurz inne und wischte sich die Tränen aus dem Gesicht. Als er dem Elefanten ein kurzes Zeichen gab, beugte sich dieser nach vorn, packte ihn mit seinem Rüssel und katapultierte ihn schwungvoll in die Höhe. Ich zuckte vor Sorge zusammen, doch tatsächlich war der Elefant sehr vorsichtig und setzte den Kleinen sachte auf seinem Kopf ab.

»Ich habe erkannt«, begann der Junge wieder, während er mich mit einem durchdringenden, zugleich erwartungsvollen Gesichtsausdruck ansah und sich der Elefant langsam wieder aufrichtete, »dass der riesige Zirkuselefant nicht flieht, weil er selbst felsenfest daran glaubt, dazu nicht mehr in der Lage zu sein. Die Erinnerungen an die Schmerzen seiner Kindheit und die damit verbundene Hilflosigkeit haben sich viel zu tief in seinem Gedächtnis verankert. In seinem späteren Leben hat er diese Erinnerungen niemals wieder ernstlich hinterfragt, um doch noch ein letztes Mal alle seine Kraft zu sammeln und sich von seinen Fesseln zu befreien.«[1]

Nachdem der kleine Junge mit seiner Geschichte vom Leben des Zirkuselefanten fertig war, sah er mich forschend an. Ich versuchte, einen klaren Gedanken zu fassen. Mir tat total leid, was er über den Elefanten erzählt hatte, und ich überlegte, ob seine Geschichte etwas mit meinem Zustand zu tun haben könnte. Laut der Diagnose des Arztes war ich krank, doch hatte ich bis zu jenem Zeitpunkt noch keine Vorstellung davon, an welcher Erkrankung ich überhaupt litt. Nach der Geschich-

---

[1] In Anlehnung an: Jorge Bucay (2013). Komm, ich erzähl dir eine Geschichte. Der angekettete Elefant.

te über den Zirkuselefanten wurde mir jedoch bewusst, dass auch ich mich in einem Zirkus befand – dass ich mich vergleichbar vielen Strapazen aussetzte und es mir auch nicht sonderlich gut dabei ging.

Mit den Motiven des Kleinen hatte das aber nichts zu tun. Deshalb fragte ich erneut: »Bitte sag mir, warum du hier bist und warum du mir von alledem erzählst?«

»Ich bin wegen dir hier«, entgegnete er knapp, dann sprach er kein einziges Wort mehr. Ich wunderte mich über seine plötzliche Schweigsamkeit und hegte weiterhin gewisse Zweifel, ob dies alles Wirklichkeit war. Stand ich wirklich vor einem Elefanten? Sprach ich wirklich mit einem kleinen Jungen? Unschlüssig und verwirrt begann ich in dem Behandlungszimmer auf- und abzulaufen, während der Kleine wieder gemächlich von dem Elefanten herunterkletterte. Er setzte sich entspannt auf den Boden und nahm eine abwartende Haltung ein, ohne einen weiteren Ton von sich zu geben. Sein Verhalten machte mich wahnsinnig. Der Elefant ließ sich in der Nähe der Tür nieder und fuhr gelegentlich mit seinem Rüssel über den Fußboden, als würde er nach etwas Essbarem suchen. So beharrlich, wie mich die beiden in dieser Situation beobachteten, wirkte es fast, als wäre ich nun eine Zirkusattraktion, von der sie sich ein paar Kunststücke erhofften.

»Bist du fertig mit deiner Geschichte?«, fragte ich ihn daraufhin mit auffordernder Stimme und bemerkte, wie ich mich immer aufgewühlter fühlte. Nichts. Kein Ton. Er antwortete mir nicht mehr.

»Hallo, was ist los mit dir? Hat es dir nach deiner eigenen Geschichte etwa die Sprache verschlagen?«, unternahm ich einen neuen Versuch, um ihn zum Reden zu bewegen, doch er reagierte überhaupt nicht auf meine Bemühungen. Meine Verunsicherung über sein Verhalten und die drängende Anspannung steigerten meinen Zorn.

»Hallooo, was erwartest du jetzt von mir?«, versuchte ich es als Nächstes etwas deutlicher, aber auch das half nichts. Er gab keinen einzigen Laut mehr von sich. Lediglich der Elefant ließ ab und an seine großen Ohren flattern, so dass die Luft in dem Raum aufgewirbelt wurde und eine frische Brise verschiedenster Kräuterdüfte meine Nase erreichte. Zu meiner Verwunderung bemerkte ich, dass überhaupt kein Schmetterling mehr im Zimmer war und ich offenbar vor lauter Aufregung den Moment verpasst hatte, als sie davongeflogen waren. Verrückt! Sollte ich nicht auch einfach gehen? Immerhin war ich hier, um mir von einem Arzt helfen zu lassen, und nicht, um mir merkwürdige Geschichten anzuhören. Bedauerlicherweise versperrte der Elefant die Tür, so dass jegliches Vorbeikommen unmöglich gewesen wäre. Lange Sekunden verstrichen, bevor ich wieder das Wort ergriff.

»Ich verstehe schon. Du erwartest jetzt sicherlich, dass ich mir deine Geschichte vom Zirkuselefanten genauer anschaue und dadurch anfange, über mich und mein eigenes Leben nachzudenken. Habe ich recht?«

Nachdem ich das gesagt hatte, konnte ich erfreut feststellen, dass sich sein Blick etwas entspannte und er nicht mehr ganz so geheimnisvolle Augen machte. Daneben war ich von meiner aufkommenden Entschlossenheit überrascht und spürte, wie ich an Selbstsicherheit gewann. Ich nahm einen beherzten Atemzug, um mit meinen gewonnenen Erkenntnissen fortzufahren und ihm zu zeigen, wie clever ich doch war.

»Hab ich es doch gewusst«, lobte ich mich selber, »das Schicksal des Zirkuselefanten ist ja zutiefst traurig. Wie kann so ein starkes Lebewesen nur so naiv sein und nicht noch einmal versuchen, sich von seinen Ketten loszureißen? Er muss doch erkennen, dass es für ihn kein Problem sein sollte, sich aus seiner Gefangenschaft zu befreien. Das ist wirklich eine unglaubliche Geschichte.«

In diesem Augenblick verdunkelte sich die Miene des kleinen Jungen schlagartig. Der Elefant richtete sich derweil wieder auf und stampfte mit seinen massigen Beinen ein paar Mal auf den Boden, als wollte er ebenfalls seinen Unmut zum Ausdruck bringen. Offenbar gab es an meinen Worten schon wieder etwas auszusetzen. Dennoch versuchte ich, standhaft zu bleiben und mich nicht von dem finsteren Blick des Jungen und der wuchtigen Erscheinung des Elefanten einschüchtern zu lassen.

»Ich danke dir vielmals, dass du mir die Geschichte erzählt hast und dass ich das wahre Leben des Zirkuselefanten kennenlernen durfte«, sagte ich und ging einen mutigen Schritt auf die beiden zu. »Ich werde künftig versuchen, nicht alles zu glauben, was mir auf einer Bühne präsentiert wird, und die Dinge kritischer betrachten. Das alles ist mir durch dich und deine fantastische Geschichte bewusst geworden. Außerdem werde ich beginnen, für das zu kämpfen, was mir wichtig ist, um es dem Zirkuselefanten nicht gleichzutun. Hab vielen Dank, mein Kleiner!«

Unmittelbar nachdem ich mit meinen Ausführungen fertig war, entstand im Blick des kleinen Jungen erneut eine gewisse Ausdruckslosigkeit. Sein Gesicht gab keinen Funken der Zustimmung oder Ablehnung meiner Worte preis. Daher konnte ich nicht einschätzen, ob ich mit meiner Deutung seiner Erzählung richtiglag oder komplett auf der falschen Fährte war. So herrschte weiterhin eine quälende Stille zwischen uns und er schaute nach wie vor seelenruhig zu mir herüber.

So vergingen die nächsten Minuten, ohne dass jemand etwas sagte oder sich von der Stelle rührte. Der riesige Elefant lag auf einmal da wie versteinert. Kurzzeitig überlegte ich, ob er vielleicht eingeschlafen war, als er plötzlich mit seinen großen

Ohren zuckte und kurz darauf seinen mächtigen Körper in Bewegung setzte. Als er mir sein breites Hinterteil entgegenstreckte, wurde mir klar, dass er gerade dabei war, sich von mir abzuwenden. Durch seine wuchtigen Schritte wurden die vier Wände erneut durchgeschüttelt, und so unerwartet, wie der Elefant zur Tür hereingestapft war, so überraschend machte er sich auch wieder aus dem Staub. Er bewegte sich zwar in einem behäbigen Tempo, dennoch wurde er immer kleiner und kleiner, bis er vollständig verschwunden war.

Nur einen Wimpernschlag später folgte ihm der Junge durch die Tür, unglücklicherweise ohne mir einen letzten Blick zugeworfen oder ein beruhigendes Abschiedswort geschenkt zu haben. Er stolzierte einfach hinaus, und wieder einmal musste ich gegen meine Trauer ankämpfen. Ich kannte dieses beklemmende Gefühl bereits aus den Morgenstunden, als mir der Kleine das erste Mal begegnet war, jedoch mit dem feinen Unterschied, dass ich dieses Mal wahrscheinlich nicht mit Hilfe meines Autos vor meinen Gedanken flüchten konnte.

7

Nachdem in dem Behandlungszimmer Stille eingekehrt und ich vollkommen allein war, fühlte ich mich so verunsichert wie schon lange nicht mehr. Es wollte mir einfach nicht begreiflich sein, warum mir der Kleine erst die Geschichte über den Zirkuselefanten erzählt hatte, danach aber kein einziges Wort mehr mit mir wechselte.

Dessen ungeachtet schossen mir unzählige Kindheitserinnerungen durch den Kopf und ich stellte mir eine längst vergangene Welt vor. In jener Welt verbrachten wir als Familie sehr viel Zeit miteinander, hörten einander zu und interessierten uns für einander. Meine Eltern gingen harmonisch miteinander um und waren mir liebevoll und verantwortungsvoll zugewandt. Zwar waren wir nicht unbedingt eine Bilderbuchfamilie, dennoch akzeptierte jeder die ihm zugeschriebene Rolle und füllte sie, so gut es ging, aus. Dies sollte sich jedoch mit dem Beginn meiner Kindergartenzeit von einem Tag auf den anderen ändern. Mit einem Schlag hatte sich das gesamte Klima bei uns zu Hause gewandelt und nichts war mehr wie vorher. Plötzlich schien sich mein Vater kaum noch für mich begeistern zu können und meine Mutter wurde immer in sich gekehrter. Beide wirkten seit jeher sehr unglücklich und unzufrieden und immer gab es etwas auszusetzen, was in mir seine Spuren hinterließ.

Bedauerlicherweise erhielt ich eine nachvollziehbare Erklärung für die veränderte Situation zwischen uns erst viele Jahre später. »Dein Vater ist nicht dein leiblicher Vater«, höre ich die schmerzhaften Worte meiner Mutter auf mich einprasseln, nachdem ich eines Nachts betrunken und in Streitlaune von einer der zahlreichen Partys während meiner Schulzeit zurückgekommen war. Jene Worte trafen mich bis ins Mark und verwüsteten meine Welt, denn darauf war ich überhaupt nicht vorbereitet. Aber das, was dadurch ins Rollen gebracht wurde, hatte ich noch weniger kommen sehen. Zu meinem leiblichen Vater hatte ich nur wenige Informationen aufgeschnappt, allesamt getränkt von emotionalem Schmerz und befangener Abwertung. Wahrscheinlich wollte ich auch gar nicht mehr über ihn erfahren, denn damals hatte ich mit anderen Dingen zu kämpfen. Meine Mutter erwähnte einmal kurz, dass sie über Jahre hinweg eine Affäre mit ihm gehabt hatte, aus der ich hervorging. Erstaunlicherweise ließ sie ihn in dem Glauben, dass ich durch den Mann gezeugt wurde, den ich jahrelang als meinen Vater ansehen sollte und liebte. Dieser zweifelte bis zu meinem sechsten Lebensjahr nicht an seiner Vaterschaft.

Doch als ich in den Kindergarten ging, kam die Affäre meiner Mutter ans Licht und sie beichtete meinem Stiefvater von ihrem langjährigen Liebhaber. Rückblickend brach das meinem Stiefvater das Herz und erklärt einiges in seinem Verhalten. Damals hatte ich aber keine Vorstellung davon, was mit ihm los war. Und es sollte für ihn noch viel schlimmer kommen. Meine Mutter machte vollständig reinen Tisch: Sie erzählte ihm, dass er nicht mein leiblicher Vater war. Davon scheint er sich nie so richtig erholt zu haben. Merkwürdigerweise blieb er bei meiner Mutter und einigte sich mit ihr, mir nichts von meinem leiblichen Vater zu erzählen. Er adoptierte mich, ohne dass ich von alledem etwas erfuhr, und für die kommenden Jahre versuchte er weiterhin, mein Vater zu sein. Leider blieb es bei dem Versuch.

Aus nachvollziehbaren Gründen war er tief verletzt. Unglücklicherweise ließ er meine Mutter und mich diese Verletzung oft spüren, weshalb ich mich irgendwann für seinen Kummer verantwortlich zu fühlen begann. Zu meinem leiblichen Vater brach meine Mutter den Kontakt ab. Er ging, ohne die Wahrheit über mich zu erfahren, und lebte ein anderes Leben weiter. Meine Mutter wurde nach dieser Tragödie nie wieder richtig glücklich und rutschte schließlich in eine schwere Depression. Kurz vor Schulende ließ sie die Bombe platzen, und ich erfuhr von der großen Lüge. Warum sie mir erst nach so vielen Jahren davon erzählte, bleibt ihr Geheimnis. Ich erhielt nie die Gelegenheit, mit meinen Eltern über all dies zu sprechen. Als mein Stiefvater mitbekam, dass meine Mutter mir die Wahrheit erzählt hatte, ging auch er fort. Ich habe nie wieder etwas von ihm gehört, geschweige denn ihn wiedergesehen. Damit gab es auch keine Möglichkeit, einen gemeinsamen Weg zu entwickeln, um mit der neuen Situation besser umzugehen. Meine Mutter erkrankte in den Folgejahren immer mehr, mit dem Ergebnis, dass ich rund um die Uhr für sie sorgte und für sie da war. Leider vergebens, denn sie entschied sich ebenfalls zu gehen, nur auf eine andere Weise als meine Väter. Vor wenigen Monaten nahm sie sich das Leben, womit auch ein Teil von mir gegangen zu sein scheint.

Während ich mich an das Vergangene erinnerte und die vielen Jahre an meinem inneren Auge vorbeizogen, öffnete sich die Tür des Behandlungszimmers wieder und der alte Arzt sowie die Arzthelferin kamen zurück. Mit dem Blick auf mich unterhielten sie sich miteinander, schienen sich also über mich auszutauschen. Die Arzthelferin kam direkt an mein Bett, während der Arzt einem Schrank einen prall gefüllten Aktenordner entnahm und mit diesem unter dem Arm ebenfalls zu mir ans Bett trat. Mit konzentrierter Miene blickte er erst in die vor seiner Brust aufgeschlagenen Unterlagen, dann zu seiner Kollegin und anschließend für eine längere Zeit zu mir.

»Wo ist der kleine Junge und sein Elefant?«, brach es plötzlich aus mir heraus, und noch während ich das sagte, ärgerte ich mich auch schon über meine Worte. Ob sie mich nun verstanden hatten oder nicht – weder der Arzt noch die Arzthelferin ging auf meine Frage ein. Also beschloss ich, den kleinen Jungen und den Elefanten erst einmal unerwähnt zu lassen, denn ich befürchtete, andernfalls sofort für geisteskrank erklärt zu werden, und wer weiß, was sie in einem solchen Fall mit mir gemacht hätten. Außerdem zweifelte ich ja selber irgendwie daran, ob ich den beiden tatsächlich begegnet war oder ob sie auf meine schlechte gesundheitliche Verfassung zurückzuführen und doch nur ein Streich meiner blühenden Fantasie waren. Somit schaute ich nachdenklich zu dem alten Arzt und hoffte, dass er nicht weiter nachfragen würde.

»Leider müssen wir dir bezüglich der Diagnose noch weitere Einzelheiten mitteilen ...«, fing dieser an, und ich war froh, dass er das Thema wechselte.

»Und zwar haben wir noch weiterführende – ich nenne es mal spezielle – Untersuchungen an dir vorgenommen, die dir wahrscheinlich auch nicht sonderlich gefallen werden. Es ist aber meine Pflicht, dir davon zu berichten und dafür Sorge zu tragen, dass du alle notwendigen Schritte einleiten kannst, damit es dir hoffentlich bald wieder besser geht. Bist du bereit dafür?«

»Oje, es soll noch schlimmer werden? Bereit bin ich nicht, aber mit einer halben Diagnose komme ich wahrscheinlich nicht sonderlich weit«, antwortete ich schwerfällig und schaute ihn dabei besorgt an. Die Arzthelferin streichelte mir währenddessen sanft über die Schulter und lächelte konsequent. Vermutlich wollte sie mich auf die kommenden Worte des Arztes vorbereiten, doch erreichte sie genau das Gegenteil und versetzte mich noch mehr in Sorge. Der alte Arzt warf ihr einen knappen Blick zu, woraufhin sie das Licht in dem Raum abdunkelte und unmittelbar vor meinem Bett eine große Leinwand von der Decke herunterzog.

Der Arzt schaltete einen Projektor hinter mir ein und auf der Leinwand erschienen diverse Diagramme und Zahlen, mit denen ich nichts anfangen konnte. Ihre Erklärung ließ nicht lange auf sich warten.

»Hier siehst du die Ergebnisse der Untersuchungen in verschiedenen Auswertungsskalen. Die oberen drei Darstellungen beziehen sich auf Herz, Leber und Niere. Wie du vielleicht selber sehen kannst, sind deine Werte bei allen drei Organen sehr kritisch zu beurteilen«, erläuterte der alte Arzt. Während er mit einem langen Stab auf die verschiedenen Diagramme zeigte, kam er mir vor wie ein Lehrer aus vergangenen Tagen.

»Und was bedeuten die unteren drei Diagramme?«, fragte ich Fingernägel kauend.

»Gut, dass du fragst. Auf den unteren drei Diagrammen haben wir deine Ergebnisse in den Kategorien *Zufriedenheit*, *Gelassenheit* und *Glück* auf einer Skala von eins bis zehn dargestellt. Auch dort befinden sich deine Werte in den untersten Bereichen«, erklärte er mir, und ich fiel aus allen Wolken.

Das war einfach zu viel für mich. Ich richtete mich schnell auf und war wild entschlossen zu gehen.

»Jetzt reicht es mir aber. Das wird ja immer absurder. Ich möchte sofort mit einem richtigen Arzt sprechen!«, forderte ich von der Arzthelferin. Aber schon wurde mir schwindelig und alles in dem Raum begann sich zu drehen. Zu meinem Ärgernis musste ich mir eingestehen, dass ich mich körperlich immer noch zu schwach fühlte. Daher blieb ich erst einmal auf dem Bett sitzen und war weiterhin den Aussagen des angeblichen Arztes ausgesetzt.

»Bitte bleib vernünftig und beruhige dich. Ich weiß, was ich tue, und ich kann dir versichern, dass du bei uns in den besten Händen bist. Natürlich klingt das im ersten Moment alles sehr ungewöhnlich für dich, aber wenn du mir vertraust, dann werden wir hier schon ein gutes Stück weiterkommen.«

»Wenn du mir vertraust, dann werden wir hier schon ein gutes Stück weiterkommen?«, wiederholte ich seine Worte und kniff meine Augen zusammen. »Was möchtest du mir damit sagen? Was soll das bedeuten? Bitte drück dich etwas verständlicher aus.«

»Gut, aber du musst dich beruhigen. Atme erst einmal tief durch und denk dabei bitte an dein Herz. Du kannst keine großen Aufregungen gebrauchen.«

»Na toll, dann erzähl mir bitte nicht so einen Quatsch von Zufriedenheit, Gelassenheit und was weiß ich nicht alles und hör auf, in Rätseln zu sprechen!«, warnte ich ihn ein letztes Mal. »Also, was ist mit mir los?«

Der Alte schaute erneut in seine Unterlagen, als wolle er damit den Ernst der Lage noch einmal hervorheben, um im nächsten Augenblick besonnen auf meine Frage zu antworten.

»In Ordnung, dann hör mir genau zu. Alle Zeichen deuten darauf hin, dass du an einer Krankheit leidest, die in Fachkreisen die *Im-falschen-Leben-Krankheit* genannt wird.«

Unmittelbar darauf wurde es mucksmäuschenstill im Raum, nur von draußen waren die Motoren der vorbeifahrenden Autos zu hören.

»Aha …«, sagte ich darauf und meine Stimme klang mir selbst fremd. Seine Diagnose war für mich so abstrus, dass ich in ein schallendes Gelächter ausbrach. Ich lachte und lachte so heftig, bis mir fast die Luft wegblieb. Der Alte schaute mir dabei eindringlich in die Augen, ließ sich durch meine Reaktion jedoch nicht irritieren und wartete.

»Was soll die *Im-falschen-Leben-Krankheit* sein? So etwas Komisches habe ich ja noch nie gehört«, hechelte ich und schnappte nach Luft, während ich ganz vergaß, dass wenige Minuten zuvor noch ein riesiger Elefant in dem Zimmer gestanden hatte.

»Die *Im-falschen-Leben-Krankheit* ist eine sehr ernst zu nehmende Erkrankung«, antwortete der Arzt mir unaufgeregt, »die schleichend auftritt und alles an dir betrifft, sowohl deinen Geist und deine Psyche wie auch deinen Körper. Bedauerlicherweise ist sie nicht so einfach zu diagnostizieren und ihre Heilung ist komplexer als beispielsweise ein gewöhnlicher Beinbruch.«

»Wow, das ist ja mal tiefgründig. Bedeutet das, dass ich bald sterben werde?«, reagierte ich sarkastisch, als ich mich wieder unter Kontrolle hatte.

»Ich kann verstehen, dass deine Gedanken jetzt Achterbahn fahren. So geht es vielen Menschen, die das erste Mal von dieser Erkrankung hören. Aber bitte glaube mir, ich bin eine Koryphäe auf diesem Gebiet, und wie du dir vielleicht vorstellen kannst, beschäftige ich mich aufgrund meiner Berufung schon sehr lange und sehr intensiv mit dem Thema *Leben und Tod*. Ob du bald stirbst, hängt ganz allein von dir ab. Wann, wirst du von mir nicht erfahren, aber sicher ist, dass deine Zeit auf dieser Welt begrenzt ist. Das Leben vergeht unglaublich schnell und der Tod lässt nicht lange auf sich warten. Ich denke, du weißt, wovon ich spreche. Ich habe unzähligen Menschen dabei zugesehen, wie sie ans Ende ihrer Tage kamen und dann schmerzlich feststellen mussten, dass ihr Leben eigentlich nie richtig begonnen hatte.«

Nach seinen Worten war ich nicht mehr ganz so ungehalten und einmal mehr dachte ich darüber nach, welch schmerzhafte Erfahrungen ich bis dahin mit dem Tod hatte machen müssen. Auch schoss mir das Bild meiner Mutter wieder durch den Kopf und ich überlegte, an welchem Punkt sie keinen anderen Ausweg mehr für sich sah und sich gegen die Möglichkeit entschied, ihr Leben noch einmal neu anzufangen. Zum Glück holte mich die Stimme des Arztes ins Hier und Jetzt zurück, und ich atmete erneut tief durch.

»Ich möchte dir auf keinen Fall die Hoffnung nehmen, ganz und gar nicht. Deine Werte liegen zwar in einem sehr kritischen Bereich, ohne Frage, das muss aber nicht bedeuten, dass das so bleiben muss. Ich kann dir versichern, dass diese Erkrankung nicht unheilbar ist. Es gibt immer mal wieder wahre Kämpfernaturen, die es schaffen, die *Im-falschen-Leben-Krankheit* zu besiegen. Es liegt einzig und allein an dir, wie groß deine Heilungschancen sind.«

»Und was muss ich dafür machen?«, platzte es aus mir heraus, während sich mein anfänglicher Widerstand gegen seine Worte etwas auflöste. Plötzlich versuchte ich, ihn so ernst wie möglich zu nehmen und genau hinzuhören, was er mir eigentlich zu sagen hatte. Der Arzt wartete zunächst mit seiner Antwort und tauschte Blicke mit der Arzthelferin, als hätten sie diese Frage bereits unzählige Male gehört.

»Leider kann ich dir auf deine Fragen keine allgemeingültige Antwort geben, da es für den Heilungsprozess kein Patentrezept gibt. Was bei dem einen wirkt, muss für den anderen noch lange nicht geeignet sein. Deshalb muss jeder Betroffene für sich selbst herausfinden, was für ihn das Sinnvollste ist.«

Wie ernüchternd. Ich konnte kaum glauben, dass ein medizinischer Fachmann mir so wenig Informationen darüber geben wollte, wie ich wieder gesund werden konnte. Also versuchte ich, noch ein paar nützliche Hinweise aus ihm herauszukitzeln.

»Das ist alles, was du mir als Arzt dazu sagen kannst? Ich leide an der *Im-falschen-Leben-Krankheit* und das Einzige, was ich von dir höre, ist, dass ich selber herausfinden muss, wie ich wieder gesund werden kann? Da hätte ich ja ebenso gut zu Hause bleiben und auf ein Wunder warten können.«

Der Alte ließ sich von meinem gereizten Unterton überhaupt nicht beeindrucken und verhielt sich nach wie vor sehr bedacht.

»Viele reagieren in dieser Situation wie du. Aber wenn du mal überlegst, wie dein bisheriger Tag abgelaufen ist, wer weiß, vielleicht sind dir dann ja bereits ein paar dieser wunderlichen Dinge geschehen …«, reagierte er mit einem leichten Kichern und strich sich dabei mit einer Hand langsam durch seinen langen, weißen Bart. Während ich noch überlegte, ob er vielleicht doch etwas von dem kleinen Jungen und dem Elefanten wusste, ergriff er wieder das Wort.

»Ich kann keine allgemeine Formel aus dem Ärmel zaubern, sondern dir lediglich ein paar Denkanstöße mitgeben. Aber bevor wir damit beginnen, möchte ich mich erst einmal in die Mittagspause zurückziehen. Wir können sofort starten, wenn ich wieder da bin.«

Mit diesen Worten ging er schnurstracks zur Tür hinaus. Mir fiel es unglaublich schwer, mein Entsetzen über sein Verhalten zu verbergen. Nur wenige Sekunden später steckte er zu meiner Überraschung seinen Kopf noch einmal durch die Tür und sah mich mit einer Entschiedenheit an, wie ich sie vorher nur selten bei jemandem wahrgenommen hatte.

»Ach, eines noch. Meine nette Kollegin wird dich noch für einen Moment beobachten und dir dann deine Krankschreibung aushändigen. Du musst nicht auf mich warten. Wenn du möchtest, kannst du dich auch wieder auf den Heimweg begeben. In diesem Falle werden wir sehen, was geschieht. Ich wünsche dir von Herzen alles Gute. Es ist deine Entscheidung!«

Um Fassung und Verständnis ringend, schaute ich dem alten Arzt hinterher. Ich hasste das Gefühl, mit so einer nagenden Ungewissheit zurückgelassen zu werden. Um vielleicht doch noch ein paar brauchbare Informationen zu der *Im-falschen-Leben-Krankheit* zu erhalten, konzentrierte ich mich voll und ganz auf die Arzthelferin.

»Ist das sein Ernst? Mehr möchte er mir dazu nicht sagen? Keine ärztliche Empfehlung? Kein Therapievorschlag? Nichts? Ich bekomme nicht einmal ein Medikament gegen meine Krankheit?«, fragte ich empört. Die Arzthelferin ging jedoch überhaupt nicht auf meine Fragen ein und schaute mich weiterhin sehr freundlich an, während sie die Leinwand wieder nach oben beförderte. Dann füllte sie meine Krankschreibung aus und verließ den Raum ebenfalls in aller Ruhe.

»Na toll, das scheint hier wohl eine ganz besondere Behandlungsstrategie zu sein. Was soll ich denn jetzt machen?«, rief ich ihr noch nach, bevor ich mit dieser eigenartigen Diagnose im Gepäck wieder allein war.

»*Patient leidet an der Im-falschen-Leben-Krankheit. Prognose offen*«, sprach ich als Nächstes laut vor mich hin, während ich mir die Krankschreibung durchlas. Keine Empfehlungen, keine Rezepte, lediglich diese sonderbaren Zeilen enthielt der kleine Zettel. Hätte ich an diesem Morgen nicht einfach zu Hause bleiben sollen? Möglicherweise wäre mir vieles erspart geblieben und ich hätte mich nicht mit den Fragen auseinandersetzen müssen, die dieser Zettel in mir wachrief. Doch alles »hätte« und »wäre« nützte jetzt nichts. Ich hievte mich von dem Bett herunter. Meine Jacke hing an einem Kleiderständer neben der Tür. Die Arzthelferin hatte sie wohl dort aufgehängt, nachdem ich in den Raum gebracht und auf das Bett gelegt worden war. Als ich nach meiner Jacke griff, um sie mir über die Schulter zu werfen, sah ich, dass unter ihr eine rote Baseballkappe hin und her baumelte.

»Das gibt es doch nicht«, murmelte ich überrascht, »genau so eine Kappe hatte der kleine Junge getragen.«

Ich sah mich nochmals suchend im Raum um, aber er war und blieb menschenleer. Grübelnd setzte ich mich noch einmal zurück aufs Bett, während ich die rote Kappe in meinen Händen drehte und an ein Elefantenjunges denken musste, das mit traurigem und hoffnungslosem Blick seine Ketten anstarrte.

8.

Es musste mehr als eine Stunde vergangen sein, und ich dachte schon, der alte Arzt hätte mich vergessen, als er in aller Gemütlichkeit wieder durch die Tür gelaufen kam. Dieses Mal war er allein unterwegs. Lediglich einen Klappstuhl trug er unter seinem Arm. Kaum hatte er mich erblickt, rieb er sich genüsslich seinen Bauch und stieß einen tiefen Seufzer aus.

»Uff, es gibt doch nichts Schöneres als eine erholsame Pause. Bitte entschuldige, dass es so lange gedauert hat, aber ich habe nach dem Essen noch ein Mittagsschläfchen gehalten. Damit halte ich diesen alten Körper fit und lade meine Akkus wieder auf«, sagte er mit einer an Frechheit grenzenden Selbstverständlichkeit. Er klappte den Stuhl auseinander und setzte sich direkt zu mir ans Bett. Doch statt sich mit mir zu beschäftigen, schaute er sich lediglich in dem Raum um und schien in einer tiefen Entspannung zu verharren. Dabei wirkte er rundum zufrieden und erholt, was in Anbetracht seines Alters nicht selbstverständlich war. Nach einer gefühlten Ewigkeit wandte er sich an mich und begann zu sprechen.

»Wie ich sehe, bist du hiergeblieben, obwohl du auch hättest verschwinden können. Daher gehe ich also davon aus, dass du dich entschieden hast, auch wirklich etwas an deiner Situation zu verändern.«

»Verändern? Was soll ich denn verändern? Bevor ich herkam, hatte ich gedacht, dass es vielleicht gut wäre, mal vorbeizuschauen und mir ein paar Medikamente gegen meine Beschwerden verschreiben zu lassen. An eine Veränderung habe ich dabei nicht gedacht, geschweige denn, dass die Behandlungsmethoden hier so sonderbar sind.«

»Besondere Situationen brauchen besondere Herangehensweisen«, entgegnete er ebenso kühn wie entspannt. »Um wieder richtig gesund zu werden, solltest du schon mehr unternehmen, als mit ein paar Pillen an deinen Symptomen herumzudoktern. Ohne grundlegende Veränderungen wird es dir nicht gelingen, dich von der *Im-falschen-Leben-Krankheit* zu befreien. Das kann ich dir aus meiner langjährigen praktischen Erfahrung versichern. Ich weiß sehr wohl, dass die letzten Monate nicht einfach für dich waren. Deine Messwerte sprechen für sich. Und wenn ich dir so in die Augen schaue, dann sehe ich in ihnen viel Schmerz und Leid verborgen. Oder wie siehst du das Ganze?«, fragte er mich mit hochgezogenen Augenbrauen.

Ähnlich wie der kleine Junge schien er mehr über mich und mein Leben zu wissen, als eigentlich möglich war.

»Ich möchte einfach nur wieder gesund werden und mich nicht lange damit aufhalten müssen. Vielleicht sollte ich lieber woanders hingehen ...«, erwiderte ich unsicher.

»Wenn du wirklich hättest wieder gehen wollen, dann wärst du schon längst nicht mehr hier. Damit du künftig neue Wege beschreiten und besser mit deiner Vergangenheit umgehen kannst, sollten wir offen miteinander sein und uns nichts vormachen.«

»Vergangenheit? Ich bin mir nicht sicher, ob ich deinen Worten noch folgen kann ...«, entgegnete ich mit schwacher Stimme, wobei ich sehr wohl ahnte, worauf er hinauswollte.

»Schon gut, wir versuchen einfach ein Tempo zu fahren, das du mitgehen kannst. Es wird gewiss sehr anstrengend für dich werden, das Geschehene aufzuarbeiten. Eines kann ich dir versprechen: Dein Leben wird immer weitergehen, ungeachtet dessen, was damals alles geschah. Das Entscheidende bei der ganzen Angelegenheit ist, dass du die Vergangenheit ab heute hinter dir lässt und nicht weiter Gefahr läufst, im falschen Leben gefangen zu bleiben. Du musst lernen, besser für dich zu sorgen, und du musst in dir Bedingungen schaffen, die weniger zerstörerisch sind. Da fällt mir eine Geschichte[2] ein, die ich dir gerne erzählen möchte. Geht das in Ordnung?«, fragte er mich vorsichtig, und ich versuchte mich damit abzufinden, dass mein Arztbesuch weiterhin in eine andere Richtung steuerte als anfänglich erhofft. Ich blickte etwas gequält auf und sah ihn erwartungsvoll an.

»Und zwar geht es in der Geschichte um eine junge Frau, die einen geselligen Tag mit ihrer besten Freundin und ihrem besten Freund auf einem Jahrmarkt verbringen wollte. Die beiden Freunde waren seit Jahren ein Liebespaar und die junge Frau kannte sie bereits ihr Leben lang.

An jenem besagten Tag zogen die drei so bald wie möglich los, um eine ausgelassene Zeit auf dem Rummel verleben zu können. Sie ließen es sich auf dem Volksfest so richtig gut gehen und genossen die vielfältigen Angebote in vollen Zügen. Sie aßen so viele Leckereien, wie sie konnten, lagen sich vor Freude immer wieder in den Armen und fuhren unzählige Male mit den abenteuerlichsten Karussells. Eines davon, die größte Attraktion des Rummels, hatte es ihnen ganz besonders angetan. Immer wieder stellten sie sich für eine weitere Fahrt in die lange Warteschlange.

Bis zu jener schicksalhaften Stunde war es der perfekte Ausflug für die drei, von dem sie hofften, noch jahrelang schwärmen zu können. Nach einer letzten Fahrt ging dem jungen Paar das Geld aus und sie über-

---

[2] In Anlehnung an: Ajahn Brahm (2004). Die Kuh, die weinte. Buddhistische Geschichten über den Weg zum Glück.

legten, zu Hause den Tag entspannt ausklingen zu lassen. Die junge Frau war von der letzten Fahrt aber immer noch voller Adrenalin und wollte den Rummel unmöglich schon verlassen. Daher kratzte sie ihr letztes Kleingeld zusammen und bat die zwei, eine allerletzte Runde mit ihr zu drehen. Die beiden Freunde lehnten zunächst ab, ließen sich aber schließlich zu einer weiteren Fahrt überreden. Ohne jede Vorahnung stiegen sie ein. Nachdem das Karussell bereits mehrere Runden zurückgelegt hatte, knallte es auf einmal schrecklich laut – die Gondel, in der die jungen Leute saßen, löste sich aus der Halterung und stürzte in die Tiefe. Der Mann war auf der Stelle tot und seine Partnerin erlitt so schwere Verletzungen, dass sie zeitlebens auf medizinische Unterstützung angewiesen war. Die junge Frau kam mit ein paar blauen Flecken davon.

Doch seit jenem Tag änderte sich ihr Leben von Grund auf. Sie fühlte sich für den tragischen Unfall verantwortlich. Viele Jahre später entschied sie sich für eine Psychotherapie, da sie von ihren unsäglichen Schuldgefühlen erdrückt wurde. Als sie ihrem Therapeuten von jenem Schicksalsschlag berichtete, wollte dieser ihr im ersten Moment sagen, dass sie keine Schuld an dem Unglück trage. Doch dann überlegte er, wie oft die junge Frau solche Beschwichtigungen schon gehört haben musste und wie wenig ihr damit geholfen war. Viel eher kam er zu dem Schluss, dass sie sich wahrscheinlich doppelt schuldig fühlen würde, wenn er ihr die Schuldgefühle ausreden wollte. Daher erklärte ihr der Arzt, es sei absolut in Ordnung, sich nach so einem Erlebnis schuldig zu fühlen. Durch dieses Ver-

ständnis stieg sofort etwas Befreiendes in ihr auf, und die junge Frau war nicht mehr ganz so traurig und fühlte sich nicht mehr ganz so belastet.«

Der alte Arzt stand auf und nahm sich ein Glas aus einem der Schränke. An einem kleinen Waschbecken in einer Zimmerecke füllte er es bis zum Rand mit Wasser und leerte es mit einem langen Zug bis zur Hälfte. Als er mir seinen Blick wieder zuwandte, tropfte etwas Flüssigkeit an seinem Bart hinunter auf das Gewand. Das wirkte auf mich grotesk, schien ihm jedoch völlig egal zu sein. Im nächsten Moment knallte er das Glas auf den Rand des Waschbeckens und fragte mich, ob es eher halb voll oder eher halb leer sei?

»Keine Ahnung …«, antwortete ich irritiert und wollte auf die bekannte Frage nicht antworten. Vielmehr sagte ich: »Ich finde ja, dass das ein sehr schönes Glas ist. Da ist es doch egal, ob es nun halb voll oder halb leer ist. Stimmt's?«

»Ja, wahrscheinlich hast du recht, aber Schönheit liegt bekanntermaßen im Auge des Betrachters. Sie beginnt in dem Moment, in dem du beschließt, das Leben nicht zu beurteilen, sondern es zu genießen.«

Einmal mehr nahm unser Gespräch eine sonderbare Wendung. Parallel zu meiner Verwunderung lief eine Hitzewelle durch meinen Körper. Für einen kurzen Augenblick fragte ich mich, ob er sich vielleicht über mich lustig machte oder ob das möglicherweise doch die ersten senilen Anzeichen seines hohen Alters waren. Er aber stolzierte fröhlich durch den Raum und rieb sich seine Hände an den Oberschenkeln trocken.

»Ich weiß es zu schätzen, dass du zu mir gekommen bist und nach Lösungen suchst. Aktiv werden musst du aber schon selber. Du wirst niemals das Tanzen erlernen, wenn du deine Füße nicht bewegst«, sprach er erneut geheimnisvoll, derweil er tänzelnd zur Tür hinüberging, als wollte er mit dieser Bewegung seiner Aussage noch mehr Gewicht verleihen.

»Was ist los? Du willst doch nicht etwa schon wieder ein Nickerchen machen?«, rief ich hinterher und hoffte, dass er nicht schon wieder so lange weg sein würde. Doch so schnell, wie er den Raum verließ, kehrte er zurück, diesmal mit einem Blatt Papier in der Hand.

»Meine Diagnose kenne ich bereits …«, sagte ich überstürzt zu ihm, was er unkommentiert stehen ließ. Er kam direkt zu mir ans Bett und streckte mir das Blatt entgegen.

»Das kann nicht sein«, erschrak ich, als ich sah, worum es sich handelte. »Das ist unmöglich. Wo hast du das her?«, fragte ich mit wackeliger Stimme.

»Der Artikel ist heute Morgen, sagen wir mal, hier reingeflattert, und ich musste gerade daran denken, dass das vielleicht etwas für dich sein könnte. Du suchst doch nach etwas Konkretem. Also, hier hast du etwas Konkretes.«

Ein längerer Blick auf den Artikel zeigte mir, dass ich mich nicht geirrt hatte. Im oberen Abschnitt der Zeitungsseite war der kleine Junge mit seiner roten Baseballkappe abgebildet, wie er seine Arme nach oben streckte und eine Art Werbeschild hochhielt. Darauf stand: *Komm uns besuchen im Zirkus des Lebens!* Darunter waren einige Pflanzen abgebildet und eine genaue Wegbeschreibung zum Zirkus.

»Ich denke, es täte dir sehr gut, wenn du diesem Zirkus mal einen Besuch abstatten würdest. Ich weiß aus sicherer Quelle, dass heute die Eröffnung stattfindet, und vielleicht kannst du dort neue Kraft bündeln und weitere Hinweise zu deiner Erkrankung erhalten. Probier es doch einfach mal aus und lass dich auf das Abenteuer ein. Das wahre Leben beginnt außerhalb deiner Komfortzone. Also trau dich. Du hast nichts zu verlieren und vielleicht hast du dort sogar etwas Spaß.«

»Ich soll was?«, fragte ich erstaunt.

»Du hast mich schon verstanden«, reagierte er in einem ruhigen Ton und zeigte mit einer eleganten Armbewegung zum Ausgang.

»Ich möchte mich jetzt von dir verabschieden, weil ich noch einige sehr wichtige Dinge zu erledigen habe. Du weißt doch, ein alter Mann wie ich hat entweder zu viel Zeit oder gar keine Zeit«, scherzte er auf seine Art, als er den Arm plötzlich um meine Schultern legte und mich freundlich, aber bestimmt zum Ausgang geleitete.

In diesem Moment überschlugen sich meine Gedanken einmal mehr und mir dämmerte, dass an diesem Tag nichts in der bisher gewohnten Routine ablaufen sollte. Vor der Tür schüttelte mir der Alte sehr innig die Hand. Als ich schon gehen wollte, sagte er: »*Weißt du, mein Lieber, manchmal muss man im Leben nur zwanzig Sekunden lang mutig sein. Wenn du zwanzig Sekunden lang das Risiko eingehst, dich zum Narren zu machen, dann verspreche ich dir, kommt etwas Brillantes dabei raus.*«[3]

Damit verabschiedete er sich von mir, derweil ich wieder in dem kleinen Flur stand und die Tür hinter mir zufallen hörte. Ich erinnerte mich an die junge Frau, von der mir der Alte wenige Minuten zuvor erzählt hatte. Was war wohl aus ihr geworden? Ging es ihr wieder besser? Konnte sie ihren Kummer ablegen? Das alles und vieles mehr weckte mein Interesse und ich überlegte tatsächlich, wie sie sich wohl in meiner Situation verhalten hätte. Wäre sie nach alledem, was geschehen war, wieder nach Hause gefahren oder hätte sie dem Zirkus einen Besuch abgestattet? Warum kreuzte ausgerechnet ein kleiner Junge immer wieder meine Wege? Hatte das vielleicht etwas mit meiner sonderbaren Diagnose zu tun? Meine Überlegungen schossen wieder einmal in alle Richtungen und ich spielte mit dem Gedanken, zu der in dem Zeitungsartikel angegebenen Adresse zu fahren. Nach

---

[3] In Anlehnung an den Film: Wir kaufen einen Zoo.

allem, was ich bisher erlebt hatte, konnte ich es auf einen Versuch ankommen lassen, denn überraschenderweise hatten meine Schmerzen etwas nachgelassen.

9.

Nachdem die letzten Häuserreihen an mir vorbeigezogen waren, tauchte ich immer tiefer in eine hinreißende Winterlandschaft ein. Während ich an schier endlosen, weiß gefärbten Feldern vorbeifuhr, fielen kleine Schneeflocken vom Himmel und lösten sich auf der heißen Motorhaube meines Wagens in Luft auf. Der Weg führte mich in einen dichten Wald, dessen Bäume die immer schmaler werdende Landstraße verschluckten. Klar und unberührt durchdrang die frische Winterluft meine Sinne, zugleich hielt ich das Lenkrad fest und blickte gedankenversunken nach draußen. Die Sonne hatte große Mühe, die von Schnee verhüllten Baumkronen zu durchdringen, so dass es hier noch dämmrig war, obwohl der Tag bereits die ersten Züge hinter sich gebracht hatte. Hin und wieder flogen ein paar Vögel durch das dichte Gestrüpp, was dazu führte, dass einzelne Schneebrocken auf die Fahrbahn stürzten und den Eindruck von Ruhe und Besinnlichkeit für einen kurzen Augenblick durchbrachen. Doch genauso schnell, wie die Flattermänner erschienen waren, verschwanden sie auch wieder, und die Gegend fiel erneut in ihren Winterschlaf zurück.

Da die Autofahrt zu der in dem Zeitungsartikel angegebenen Anschrift länger dauerte als erwartet, hatte ich genügend Zeit, um über die ungewöhnlichen Ereignisse der letzten Stunden nachzudenken. Dabei ging mir die junge Frau nicht mehr aus dem Kopf. Ich erinnerte mich an die Aussage des Arztes, dass Schönheit in dem Moment beginnt, indem man anfängt, das Leben zu genießen, und aufhört, es zu beurteilen. Dieser Satz verwirrte mich. Wie konnte ich etwas schön finden und mich daran erfreuen, ohne es zu beurteilen? Das hatte ich bisher völlig anders erlebt.

»Ist es nicht vielmehr so, dass jeder Mensch ständig kategorisiert, bewertet und sein Urteil fällt? Geschieht das nicht automatisch, wenn man einer Person gegenübersteht oder mit etwas Neuem konfrontiert ist? Liegt es nicht in der Natur des Menschen, sich selbst und die Verhaltensweisen und Entscheidungen anderer Menschen sowie Dinge, Situationen und Augenblicke permanent zu bewerten? An welchen Maßstäben sollte man sich denn orientieren, wenn nicht an ›gut‹ oder ›schlecht‹? Was kann es daneben denn noch geben? Und davon mal ganz abgesehen, fühlt es sich doch so natürlich an, alles und jeden schnell in eine Schublade zu packen. Folglich kann es doch so falsch nicht sein?«

Derweil ich noch mit dem Satz des Arztes haderte, entfernte ich mich immer weiter von der Stadt. Ich konnte mir kaum vorstellen, dass ich in den Tiefen des Waldes auf einen Zirkus stoßen sollte. Darum blickte ich nochmals auf den Zeitungsartikel, der vor mir auf den Armaturen lag, um mich zu vergewissern, dass ich auch die richtige Fährte eingeschlagen hatte. Zu meinem Ärgernis registrierte ich, dass ich an einer der letzten Abzweigungen die falsche Route genommen haben musste. Auf der Suche nach einer geeigneten Wendemöglichkeit tauchte am Wegesrand ein verschneites Hinweisschild auf. Ohne groß nachzudenken, hielt ich an, stieg aus und befreite es vom Schnee. Was ich sah, konnte ich kaum glauben. Der *Zirkus des Lebens* war nur wenige Kilometer von hier. Eigentlich war ich davon ausgegangen, dass ich mich seit geraumer Zeit von meinem Ziel entfernte. Unter dem Schild hingen an einem Schaukasten zahlreiche kleine Eiszapfen. In seinem Inneren lag ein zusammengefaltetes Blatt Papier, das meine Neugierde weckte. Mit klammen Fingern nahm ich es heraus und setzte mich ins warme Auto zurück. Das Blatt war eng beschrieben, und ich begann zu lesen.

Vom Mut etwas zu wagen.[4]

Es war einmal ein König. Dieser lebte gemeinsam mit mehreren Löwen in einer stolzen Burg. Er wohnte in der ersten Etage und die Löwen hatten ihr Quartier im Keller. Mehrmals am Tag ging der König zu den

---

[4] In Anlehnung an: Nossrat Peseschkian (2014). Der Kaufmann und der Papagei. Orientalische Geschichten in der Positiven Psychotherapie.

Tieren hinunter, um nach ihnen zu schauen. Enge Eisenstäbe, die durch ein eisernes Schloss verriegelt waren, schützten ihn vor den gefährlichen Raubkatzen. Der König war ein sehr alter Mann und sein Gemütszustand verschlechterte sich von Tag zu Tag. Er wurde immer mürrischer und war froh, wenn er niemanden mehr sehen musste und seine restliche Zeit allein verbringen konnte.

Eines Tages hatte er ein besonders großes Stück Fleisch für seine Tiere. Da es nicht durch die Gitterstäbe passte, öffnete er das riesige Schloss, warf das prächtige Stück ins Gehege und beobachtete die Löwen dabei, wie sie es sofort in Stücke rissen. Der Anblick erschreckte den alten König an jenem Tag so sehr, dass er panisch auf seine Etage zurückeilte. Da er sich nicht entsinnen konnte, ob er das Schloss wieder verriegelt hatte, stattete er seinen tierischen Mitbewohnern eine Weile keinen Besuch mehr ab. Die Angst, sie könnten frei herumlaufen und ihm etwas antun, war einfach viel zu groß. Nach mehreren Tagen erwachte der König aus seiner Lethargie und beschloss, etwas gegen seine Situation zu unternehmen. Er beorderte seinen gesamten Hofstaat herbei, um von seinem Problem zu berichten.

»Ihr Untertanen«, sprach der alte König, »ich habe ein Problem, und werde den unter euch reichlich belohnen, der dieses Problem lösen kann. Wie ihr wisst, befinden sich im Keller meiner Burg gefährliche Löwen. Für gewöhnlich halten sie sich hinter schützenden Gitterstäben auf. Nur weiß ich nicht, ob ich das Schloss zu ihrem Bereich auch wirklich verriegelt habe und sie nicht frei herumlaufen. Mittlerweile dürften sie auch *sehr großen Hunger haben. Ich wage mich nicht mehr zu ihnen hinunter, will sie aber auch nicht verhungern lassen. Daher möchte ich sehen, wer von euch in der Lage ist, mein Problem zu lösen.«*

Die meisten Untertanen schüttelten den Kopf und ließen den alten König mit seinem Problem allein. Einige, die zu den Weisen zählten, blieben jedoch und stiegen vorsichtig den Keller hinab. Sie schauten sich das Schloss aus sicherer Entfernung an und stellten fest, dass nicht genau zu erkennen war, ob die Gittertür tatsächlich verriegelt sei oder nicht doch einfach nur anlehnte. Sie waren sich einig, dass dieses Problem unlösbar war. Nur der Hofnarr trat wagemutig an das Schloss heran. Er untersuchte es, bewegte es auf verschiedenste Weise hin und her und zog schließlich mit einem kräftigen Ruck daran. Und siehe da, das Schloss öffnete sich nicht. Das Gitter war fest versperrt, und es hatte nichts weiter bedurft als des Mutes und der Bereitschaft, beherzt zu handeln. Die Löwen lagen währenddessen unbekümmert und schnurrend auf dem Boden herum. Sie schienen sich gar nicht für den Hofnarr zu interessieren, was dieser mit einem schelmischen Grinsen zur Kenntnis nahm.

Der König sprach voller Begeisterung:

»Hofnarr, du sollst mit den kostbarsten Schätzen belohnt werden, so dass du und deine Familie für immer ausgesorgt habt. Ich bin sehr froh, dass du mir helfen konntest, denn du urteilst nicht nur nach dem, was du zu sehen oder zu hören meinst, sondern setzt deine Kräfte ein und wagst eine Probe.«

Nachdem ich mit der kurzen Geschichte fertig war, konnte ich mir ein Schmunzeln nicht verkneifen, denn die Zeilen waren so außergewöhnlich, dass sie perfekt zu dem bisherigen Tag passten.

Aber gab es dieses Schild und den Schaukasten wirklich? Allmählich begann ich tatsächlich an meiner Wahrnehmung zu zweifeln. Mit dem Blatt in der Hand ging ich zu dem Schild zurück, nur um festzustellen, dass alles so war, wie ich es gesehen hatte. Hier, allein im Schnee und in der Kälte, erinnerte ich mich daran, dass ich im Kindergarten von einigen Kindern als Angsthase verspottet worden war. Bei Mutproben oder anderen Herausforderungen fehlte ich oft oder konnte aus irgendeinem Grund nicht daran teilnehmen. Damals fiel es mir unglaublich schwer, über meine Ängste zu sprechen oder mich beispielsweise wie jener mutige Hofnarr zu verhalten. Meine Eltern hatten mit sich selbst zu tun, so dass ich viele Dinge widerstandslos über mich ergehen ließ oder einfach davor wegrannte.

Während ich an jene Zeit zurückdachte, spürte ich neben der hartnäckigen Kälte auch wieder die Angst von früher. Wie schon so oft in meinem Leben tauchte sie einfach auf und strömte in mich ein wie ein reißender Bach ins trockene Flussbett und ließ keine Faser in mir unberührt. Plötzlich blitzten aus dem Unterholz zwei Augenpaare auf, vermutlich die Augen von Wildkatzen. Sofort schoss mir vor Schreck das Blut in die Glieder und ich eilte zu meinem Auto zurück.

Nach einigen vorbeirauschenden Kilometern lichtete sich der Wald. Abermals erblickte ich riesige Felder unter üppigen Schneedecken, über die stellenweise winzige Fußabdrücke liefen. Der Gedanke, dass jene Abdrücke womöglich zu den Augenpaaren gehörten, die ich wenige Augenblicke zuvor gesehen hatte, entspannte mich etwas, bis ich plötzlich einen riesigen Gebäudekomplex am Ende der Straße erblickte. Er hatte mit Gebäuden, die ich bisher gesehen hatte, nichts gemeinsam. Schimmernde Moscheekuppeln in blauem Mosaik gingen nahtlos in die sanft geschwungenen Bögen hinduistischer Tempel und die Schrägdächer christlicher Kirchen über, runde Formen saßen auf quadratischen und umgekehrt. Steinerne Dämonen und Drachen zierten die Dächer, aber auch christliche Heilige und mehrere Madonnen. Welche Architekten auch immer dieses Gebäudeensemble entworfen hatten, sie taten es ohne Respekt vor Stilepochen oder kulturellen Eigenheiten. Schon der Blick auf dieses enorme Gebäude verwirrte mich.

»Ist das der *Zirkus des Lebens*?«, fragte ich mich gleichermaßen staunend wie überrascht, hatte ich doch ein Zirkuszelt erwartet.

Ein weiteres Hinweisschild schaffte meine Zweifel aus der Welt.

»*Willkommen im Zirkus des Lebens!*«, murmelte ich noch vor mich hin, während ich auf ein großes, hölzernes Eingangstor zusteuerte. Auf dem riesigen Parkplatz davor würde meiner der einzige Wagen sein. Anscheinend war ich der erste Besucher. Dabei hatte der Arzt doch gemeint, heute solle die Eröffnung stattfinden. Klar war jedenfalls, dass es sich um keinen normalen Zirkus handeln konnte. Es gab lediglich das imposante, geschlossene Eingangstor, das mit seinen Türmchen auch wunderbar zu einer prächtigen Ritterburg oder einem stolzen Märchenschloss gepasst hätte, jedoch keinen Kiosk, wo man Eintrittskarten hätte kaufen können. Und ein Zirkuszelt und die vielen bunten Farben, so wie sie für einen Zirkus üblich waren, waren auch aus der Nähe nirgendwo zu sehen.

»Was mache ich hier bloß?«, ging es mir durch den Kopf. »Jetzt bin ich hier herausgefahren und bilde mir tatsächlich ein, ich würde in diesem, offenbar von einem verrückten Architekten entworfenen Gebäude Hilfe gegen meine sonderbare Erkrankung finden. Das ist doch total irre. Ich muss völlig übergeschnappt sein.«

In diesem Augenblick hörte und sah ich, wie sich das riesige Tor knarrend einen Spalt weit öffnete. Ob es durch einen Mechanismus automatisch aufging oder ob es jemand von drinnen aufmachte, war nicht zu erkennen. Um einen besseren Blick zu haben, kurbelte ich die Autoscheibe herunter. Sogleich drang die Kälte herein, und ich wollte die Scheibe schon wieder hochkurbeln, als ich auf einmal eine zarte Stimme hörte.

»Angst erzeugt Angst!«, vernahm ich und mein Herz schlug sofort etwas schneller.

»Angst erzeugt Angst! Mut erzeugt Mut!«, rief die Stimme erneut, derweil ich meinen Kopf, so weit wie möglich, aus dem Fenster streckte. Dieses Mal klangen die Worte etwas lauter, und im nächsten Augenblick wurde mir klar, wer da zu mir sprach. Das Tor öffnete sich noch ein Stückchen weiter, der kleine Junge steckte seinen Kopf durch den Spalt und winkte mir fröhlich zu.

»Hallo, mein lieber Freund. Es ist schön, dich wiederzusehen. Ich war mir sicher, dass du es bis hierher schaffen würdest, denn Mut erzeugt Mut!«

Wortlos lehnte ich mich in meinen Sitz zurück. Ungeachtet der Tatsache, dass ich mich darüber freute, den Kleinen zu sehen, und es den Zirkus offenbar wirklich gab, zweifelte ich plötzlich daran, ob das Ganze nicht doch eine Nummer zu groß für mich war.

»Mmmh, wenn ich jetzt wieder nach Hause fahre, dann habe ich überhaupt nichts erreicht, außer dass ich einmal mehr einer ungewissen Situation aus dem Weg gegangen wäre. Das habe ich in der Vergangenheit viel zu häufig getan. Wäre der Hofnarr nicht so mutig und entschlossen gewesen, dann würde der alte König wahrscheinlich immer noch einsam in seinen Gemäuern sitzen und die

Löwen wären verhungert. Wenn ich jetzt mutig weitermache, dann wird es mir vielleicht auch bald besser gehen.«

Es half mir sehr, mir noch einmal bewusst zu machen, warum ich eigentlich hier war. Plötzlich hörte ich erneut die Abschiedsworte des alten Arztes in meinen Ohren: »Manchmal muss man im Leben nur zwanzig Sekunden lang mutig sein.«

»Du hast gut reden, alter Mann. Zwanzig Sekunden sind nicht unbedingt viel«, rüffelte ich daraufhin den Beifahrersitz an, als säße der Alte wirklich neben mir.

»Nun komm schon!«, rief der kleine Junge heftig winkend. Offenbar freute er sich sehr über mein Kommen. »Du hast nicht mehr viel Zeit, bis sich das Tor wieder verschließt. Jetzt beeil dich bitte und komm zu mir! Dein Vorrat an Mut wird dafür ausreichen. Also los!«

Mit einem Mal bemerkte ich, dass sich das Tor tatsächlich langsam wieder schloss. Auf meiner Stirn bildeten sich Schweißperlen.

»Oh nein, warte bitte auf mich. Ich komme ja schon!«, schrie ich so entscheidungsfreudig wie möglich, während ich die Fahrertür meines Autos kraftvoll aufstieß und beherzt hinaussprang.

»Mut erzeugt Mut«, wiederholte ich die Worte des Kleinen und spürte, wie sich allein durch die Wiederholung dieser drei Worte meine Bedenken auflösten. »Also gut, dann mal los. Ich bin mutig. Ich bin mutig. Ich bin mutig. Mut erzeugt Mut.

Mut erzeugt Mut. Mut erzeugt Mut«, sagte ich in einer Endlosschleife vor mir her, als ich auf den immer schmaler werdenden Torspalt zueilte.

»Leg einen Zahn zu!«, schrie der Kleine aus vollem Halse.

Von meinen alltäglichen Beschwerden spürte ich jetzt überhaupt nichts mehr. Vielmehr merkte ich, dass ich alle meine Energiereserven mobilisieren konnte und sich meine Beine immer schneller bewegten. Der alte Arzt hatte den richtigen Riecher gehabt und genau gewusst, was ich in dieser Lebensphase brauchte. Ich musste raus aus meiner Komfortzone, musste etwas wagen. Obwohl dies nicht unbedingt die beste Jahreszeit für einen Zirkusbesuch war, wirkte es dennoch wie der optimale Zeitpunkt. Mit jeder verstrichenen Sekunde hoffte ich, dass es nicht zu spät für mich war. Ich war es leid, ein Angsthase genannt zu werden.

10.

Puh, das war knapp«, kommentierte der kleine Junge meinen Einsatz. »Fast hättest du es nicht mehr geschafft und das Tor wäre dir vor der Nase zugefallen. Gut, dass du nicht gleich wieder abgehauen bist und dich auf andere Gedanken bringen konntest. Die Gedanken, für die du dich entscheidest, bestimmen nämlich, wie du dich fühlen und was du unternehmen wirst. Aber darüber wirst du später von einem ganz besonderen Menschen noch Genaueres erfahren. Mir reicht es fürs Erste aus, dass du nun endlich im *Zirkus des Lebens* angekommen bist. Du kannst dir gar nicht vorstellen, wie froh ich darüber bin.«

Inzwischen rang ich nach Atem, denn ich hatte mich körperlich so sehr verausgabt wie schon lange nicht mehr. Wie ein gestrandeter Fisch schnappte ich nach Luft und nahm von meiner Umgebung erst einmal nur wenig wahr. Wen der Kleine wohl mit diesem ganz besonderen Menschen meinte?

»Das kann ja ein schönes Stück Arbeit mit dir werden. Es wäre aber gelacht, wenn wir das nicht irgendwie hinbekommen würden«, fügte er hinzu, während ich bemüht war, mehr Sauerstoff in meine Lungen zu pumpen. Doch stattdessen verstärkte sich meine Atemnot, so dass mir ganz schwindelig wurde und ich meine aufkommenden Fragen ignorieren musste. Ich konnte mich kaum mehr auf den Beinen halten und beugte meinen Oberkörper nach unten, um mich dadurch vielleicht etwas entspannen zu können. Der Kleine blieb ganz ruhig und ließ sich auch davon nicht beirren. Im nächsten Augenblick legte er mir eine Hand sanft auf die Schulter und kam mit seinem Kopf ganz dicht an mein Ohr heran.

»Bevor wir gleich anfangen, möchte ich, dass du deinen Oberkörper so weit wie möglich aufrichtest. Zuallererst werden wir eine kurze Atemübung ausprobieren, bei der du alle deine Probleme für einen Augenblick loslassen musst. Bitte strecke dich und konzentriere dich auf deinen Atem.«

»Ich soll was …?«, fragte ich überrascht nach.

»Nur keine Angst. Die meisten Sorgen, die du dir machst, werden niemals eintreten. Also los! Du schaffst das schon«, blieb er unbeeindruckt, während ich weiter nach Luft rang und ihn irritiert anschaute.

»Versuche bitte, an nichts zu denken und einfach nur so tief wie möglich einzuatmen und auszuatmen. Dabei kannst du versuchen, dem Verlauf der ein- und ausgeatmeten Luft zu folgen, aber nur, wenn dich das nicht zu sehr anstrengt. Spüre ganz tief in dich hinein. Kämpfe nicht gegen das Gefühl an, außer Atem zu sein, sondern erspüre, welche Regionen deines Körpers der Atem mit Sauerstoff anreichert. Atme einfach nur ruhig und gelassen ein und aus, ein und aus. Mehr musst du gerade nicht machen. Ein und aus, ein und aus.«

Mir kam das alles recht merkwürdig vor, gerade so, als müsste ich das Atmen neu lernen. Zu meiner eigenen Verwunderung folgte ich jedoch seinen Anweisungen und spürte tatsächlich, wie ich etwas ruhiger wurde und sich meine Atemnot allmählich auflöste.

»Schon verrückt, wie das Leben manchmal spielt«, sagte der Kleine mit einem breiten Grinsen, während ich weiter versuchte, tief ein- und auszuatmen.

Der Junge sah genauso aus wie im Ärztehaus. Er trug seine knallrote Baseballkappe nach wie vor sehr lässig auf dem Kopf. Trotz dieses eisig kalten Winters war er gekleidet wie im Sommer. Er hatte lediglich ein T-Shirt und eine kurze Hose an, und noch im selben Moment, als ich ihn unter die Lupe nahm, bemerkte ich, dass es hinter dem Zirkustor erstaunlich warm war. Und das, obwohl wir uns unter freiem Himmel aufhielten und hier eigentlich ein rauer Wind hätte herrschen müssen. So fühlte es sich richtig an, mich von meiner Jacke zu befreien. Ich beobachtete den Kleinen weiterhin mit einem skeptischen Blick. Auch dieses Mal strahlte er eine tiefe Ruhe und Gelassenheit aus, und trotz meiner Zweifel fühlte ich mich sehr wohl in seiner Nähe.

Während ich mich noch auf meine Atmung konzentrierte und wieder zu meinen Kräften fand, fuhr ich fort, die Umgebung zu inspizieren. Es war nicht nur sehr warm, sondern auch auffallend still. Bis auf die feine Stimme des Jungen konnte ich überhaupt keinen Ton hören. Die märchenhaften Gebäude standen rings um einen Zirkusplatz, auf dem ein riesiger Baum seine winterlich kahlen Äste nach oben reckte, als wolle er den Himmel berühren. Seltsam, dass er mir nicht bereits vor den Zirkusmauern aufgefallen war. Direkt zu seinen Füßen stand eine alte, rostige Parkbank. Irgendetwas erinnerte mich an das Amphitheater aus meinem Traum von vergangener Nacht. Auch da war ich unter freiem Himmel auf einer ähnlich kahlen Fläche gestanden und hatte mich gewundert, was ich dort eigentlich verloren hatte. Hier fehlten jedoch die Tribüne und das Publikum, und bedauerlicherweise hatte ich nicht das Gefühl, dass ich träumte. In der Mauer hinter dem Baum erblickte ich drei Holztüren. Sie waren jeweils durch dicke, eiserne Kettenschlösser verriegelt, auf denen die Ziffern 1, 2 und 3 geschrieben standen, so als sei eine ganz bestimmte Reihenfolge zu beachten. Befanden sich dahinter vielleicht die Raubkatzen aus der Zirkuskolonne oder gar aus der Geschichte des Königs? Dies war alles andere als ein gewöhnlicher Zirkus.

»Der alte Arzt hat bei mir die *Im-falschen-Leben-Krankheit* diagnostiziert«, erklärte ich dem Jungen.

Dessen Gesicht ließ zu meiner Enttäuschung keine Empörung erkennen. Er wirkte weiterhin so gefasst und ruhig, dass ich mich veranlasst fühlte, ihn zum Reden zu animieren.

»Der Alte hat mir leider kein konkretes Rezept gegeben, wie ich wieder gesund werden kann. Er meinte nur, dass die Krankheit nicht unheilbar sei und ich selber herausfinden müsse, was mir helfen könnte. Außerdem riet er mir, dass ich dem *Zirkus des Lebens* mal einen Besuch abstatten sollte, um zu schauen, ob ich hier vielleicht neue Kraft finden kann. Daher habe ich beschlossen, die Sache in die Hand zu nehmen, und bin hierhergefahren«, schilderte ich meine Situation, ohne auf meine vielen Zweifel zu sprechen zu kommen. Das hatte die gewünschte Wirkung, der Kleine ergriff wieder das Wort.

»Ich bin sehr dankbar, dass du diesen Mut aufbringen konntest. Viele Menschen bleiben einfach untätig in ihrer Situation hängen. Warum sie das machen, weiß ich nicht. Möglicherweise wollen sie sich keine Blöße geben, oder es erscheint ihnen nicht ehrenwert, sich Unterstützung zu holen. Womöglich denken sie auch, ihr Nichtstun sei schon nicht so schlimm und sie würden von der *Im-falschen-Leben-Krankheit* geheilt, ohne dafür etwas tun zu müssen. Es gibt wahrscheinlich unzählige Beweggründe, warum sie sich so verhalten. Aber ich möchte den Blick gern in eine andere Richtung lenken, in eine Richtung, bei der es darum geht, sein Leben in die eigene Hand zu nehmen.«

Er hielt kurz inne, nahm einen tiefen Atemzug und sprach mit freudiger Stimme weiter: »Du scheinst zu denen zu gehören, die sich aufrappeln und nach Lösungen suchen. Es ist fantastisch, dass du dich ausgerechnet für diesen Arzt entschieden hast.«

»Mmmh, da bin ich mir nicht so sicher«, erwiderte ich zögernd.

»Doch, doch! Ich weiß aus diversen Quellen, dass er ein echter Fachmann ist und ein Besuch in seinem Haus wahre Wunder bewirken kann. Vielen Menschen konnte er durch seine speziellen Methoden weiterhelfen. Der alte Kauz besitzt die feine Gabe, bei seinen Patienten genau ins Schwarze zu treffen und wichtige Impulse für einen Veränderungsprozess zu setzen. Vielen hat er geholfen, sich von ihrem Leid und ihren Beschwerden komplett zu befreien. Für einige begann eine neue Zeitrechnung und sie konnten in ein völlig neues Leben aufbrechen, ein Leben voller Glück, Zufriedenheit und Gelassenheit. Das ist doch einfach toll, nicht wahr?«, fragte er mich mit einem euphorischen Blick.

»Ich weiß nicht. Um ehrlich zu sein, war ich noch nie bei so einem seltsamen Arzt.«

»Dazu erhält man auch nicht oft die Gelegenheit. Mehr kann ich dir über ihn aber nicht sagen. Ich bin noch ein kleiner Junge, und er ist ein sehr betagter Mann. Jeder von uns ist für sich selber zuständig, wobei wir uns aber auch gegenseitig unterstützen, wenn es nötig ist. Aber egal, ich bin sehr froh, dass es ihn gibt und dass du dich auf ihn einlassen konntest. Dazu sind nicht alle Menschen in der Lage.«

»Du sprichst nach wie vor in Rätseln, kleiner Mann«, reagierte ich irritiert.

»Das mag wohl sein. Eines Tages wirst du meine Worte verstehen können. Kommen wir erst einmal zu etwas anderem. Grundsätzlich war es sehr wichtig, dass dir mal jemand die Augen geöffnet hat, auch wenn nicht gleich die große Erleuchtung eingetreten ist. Viel bedeutsamer ist, dass du dich auf den Weg gemacht hast. *Ein Sprichwort[5] sagt, dass die Dunkelheit in einem Raum verschwindet, sobald auch nur eine Kerze angezündet wird. Weitere zehn, hundert oder tausend Kerzen können den Raum immer heller machen, dennoch war es die erste Kerze, die die entscheidende Veränderung gebracht hat.«*

Nach diesen Worten schlenderte der Kleine entspannt auf dem Zirkusplatz herum und beobachtete mich beim Grübeln.

Ohne es selbst bemerkt zu haben, befand ich mich mitten in einem Veränderungsprozess, und es gab offenbar einen guten Grund dafür, dass ich

---

[5] In Anlehnung an: Fromm, E., Suzuki, D.T., de Martino, R. (1971). Zen-Buddhismus und Psychoanalyse.

ausgerechnet hierhergekommen war, um mir Hilfe zu holen. Nach einigen Minuten konnte ich das Schweigen zwischen uns nicht mehr aushalten und nahm das Gespräch wieder auf.

»Wo bin ich hier eigentlich gelandet und warum tauchst du immer wieder auf?«, fragte ich den Jungen, woraufhin er unverzüglich stehen blieb. Seine Augen strahlten und in seinem Gesicht deutete sich ein zufriedenes Lächeln an, als hätte er diese Frage bereits erwartet.

»Du fragst mich, warum ich immer wieder auftauche?«

»Ganz genau!«

»Mmmh, das wirst du schon noch früh genug erfahren. Das ist erst einmal nicht so wichtig.«

»Wie du meinst, aber wir müssen uns beeilen, ich habe keine Zeit zu verlieren. Davon habe ich schon genug vergeudet.«

»Entspann dich bitte. Du hast alle Zeit der Welt.«

»Ja, ja, das habe ich schon so oft gehört. Ich weiß, wie schnell die Zeit für einen Menschen ablaufen kann. Also erzähl mir bitte nichts. Als Kind hast du davon noch keine Ahnung«, entgegnete ich und war überrascht von meinem gereizten Unterton.

Der Kleine ließ sich aber auch davon nicht beeindrucken, ließ sich in aller Ruhe auf die rostige Bank nieder und forderte mich mit einem Handzeichen auf, mich zu ihm zu setzen.

»Vergiss bitte für einen Moment die Zeit und sei dir stets bewusst, dass du keinen Einfluss auf sie hast. Zeit ist eine reine Illusion deines Verstandes. Sie wird dich und dein Leben immer mehr kontrollieren, wenn du nicht mit ihr umzugehen lernst.«

»Wie meinst du das?«, fragte ich verwundert, während ich auf der Bank hin und her rutschte und eine halbwegs gemütliche Position suchte.

»Na ja, im Grunde hast du keinen Einfluss darauf, was in deiner Vergangenheit geschah. Es wird dir nicht gelingen, daran auch nur einen Hauch zu ändern, so sehr du dich auch anstrengen magst. Einzig und allein die Gegenwart unterliegt deinem Einfluss.«

»Du klingst genauso rätselhaft wie der alte Arzt«, erwiderte ich.

»Wirklich?«

»Ja, wirklich!«

»Vielen Dank! Wie gesagt, ich schätze ihn sehr und fasse das mal als Kompliment auf. Bei diesem Thema scheinen wir tatsächlich sehr ähnlich zu ticken. Ich würde dir meine Sichtweise aber gerne an einem konkreten Beispiel beschreiben. Und zwar verhält es sich mit der Zeit genauso wie vor wenigen Sekunden noch mit deiner Atmung.«

»Mit meiner Atmung?«

»Ja, mit deiner Atmung. Dein Atem ist ein wahrer Segen. Das wirst du hoffentlich noch zu schätzen wissen.«

»Bitte was? Jetzt verstehe ich überhaupt nichts mehr.«

»Ich bin ja auch gerade erst dabei, es dir zu erklären. Du bist ungeduldiger als ein kleines Kind«, scherzte er und fügte ernst hinzu. »Du wirst deinen Atemrhythmus niemals unter Kontrolle bringen können, indem du darüber nachdenkst, was dazu beitrug, dass du außer Atem bist. Das bloße Nachdenken darüber hat überhaupt keinen Effekt. Folglich könntest du genauso gut darauf verzichten.«

»Willst du damit anmerken, dass ich darauf verzichten sollte nachzudenken?«, bohrte ich weiter und begann schon wieder sehr flach und schnell zu atmen.

»Na ja, dein Verstand kann durchaus nützlich sein, nur eben nicht in jeder Situation. Nur durch achtsame Wahrnehmung und aufmerksames Erleben kannst du den Fluss der Atmung spüren und darauf einen gewissen Einfluss nehmen, nicht aber durch Nachdenken.«

»Oho«, polterte es aus mir heraus, »und was hat das mit mir und meiner Erkrankung zu tun?«

»Sehr viel, denn so wie du lebst, so gehst du auch mit der Zeit beziehungsweise mit dem Atem um. Du wirst intensiver und freudvoller leben, sobald du damit beginnst, weniger an gestern oder morgen zu denken, sondern das Heute erlebst. Deine Atmung ist dir dabei ein sehr hilfreiches Werkzeug. Sie kann dir helfen, das Heute beziehungsweise den Augenblick wieder deutlicher zu spüren. Dann wirst du auch das Leben wieder stärker wahrnehmen und weniger das Gefühl haben, als würde es dir wie Sand durch die Finger gleiten.«

»Wow, das glaub ich ja nicht. Das allein gelingt mir durch meine Atmung?«, wollte ich noch einmal wissen.

»Ja, sie ist dafür eine Grundvoraussetzung. Diese Überlegung kannst du aber auch auf viele andere Lebensbereiche übertragen. Es macht jedoch wenig Sinn, dir dieses Geheimnis näher zu erklären, denn Theorien hast du ja schon genug gesammelt. Dein Kopf ist voll davon.«

»Mmmh, das mag wohl sein …«, murmelte ich vor mich hin.

»Wenn du bewusster atmest, haben Sorgen weniger Macht über dich. Dann hast du einen ersten großen Schritt in Richtung Genesung getan. Außerdem wird es dir dein müder Körper danken, wenn du ihn mit mehr Sauerstoff versorgst.«

Zum ersten Mal in meinem Leben sprach jemand mit mir über richtiges Atmen. Vorher hatte ich mir nie ernsthafte Gedanken darüber gemacht, denn warum sollte ich mir den Kopf über etwas zerbrechen, was der Körper von alleine tat. Aber die kurzen Atemanweisungen hatten wohltuend und vitalisierend gewirkt. Offenbar konnte ich seine Hinweise sehr gut gebrauchen. Jetzt verstand ich auch, was der alte Arzt mir mit auf den Weg geben wollte, als er davon sprach, dass es weniger darauf ankomme, das Leben zu beurteilen. Viel entscheidender sei, es zu genießen. Genau darin schien ein wichtiger Schlüssel für meine Situation zu liegen. Anscheinend hatte ich verlernt, richtig zu atmen oder, besser gesagt, richtig zu leben. Möglicherweise hatte ich es sogar nie richtig gelernt, so dass es nur eine Frage der Zeit war, bis ich dadurch sterbenskrank würde. Wahrscheinlich verhielt es sich mit meinem Leben ähnlich wie mit meiner Atmung. Möglicherweise litt ich deshalb an der *Im-falschen-Leben-Krankheit*, und es war ein Holzweg gewesen zu meinen, das Leben sei etwas, das von alleine funktioniert.

Derweil mich diese Gedanken umtrieben, breitete der Kleine auf einmal seine Arme aus, so als wolle er jemanden umarmen. Anschließend sog er so lange Luft ein, bis sein Bauch kugelrund war und offensichtlich nichts mehr reinging. Das brachte mich zum Schmunzeln. Er war jedoch ganz in seinem Element und achtete nicht auf mich. Als Nächstes atmete er lange aus und wiederholte dies mehrmals, ehe er wieder das Wort an mich richtete.

»Kurzum, mit der richtigen Atemtechnik könntest du körperlichen und geistigen Stress abbauen und du könntest deine Kräfte mehr als verdoppeln. Richtiges Atmen bedeutet richtiges Leben.«

»Das klingt wirklich spannend. Aber was ist so schwierig an einer bewussten Atmung?«, wollte ich im nächsten Augenblick wissen, während er weiter ganz tief einatmete und ausatmete.

»Schön, dass es dich interessiert«, reagierte er erfreut. »Die Schwierigkeit liegt darin, dass viele Menschen schlichtweg verlernt haben, auch einmal nichts zu machen und sich auf etwas scheinbar so Banales wie ihre Atmung zu konzentrieren. Sie können nicht innehalten und der Stille lauschen, ohne das Gefühl zu haben, etwas zu verpassen oder kostbare Zeit zu vergeuden.«

Was er sagte, hörte sich stimmig an. Es konnte ja nicht schaden, mich mit diesem Thema zukünftig etwas mehr zu beschäftigen. Deshalb stieg ich auch gleich in seinen deutlichen Atemrhythmus ein. Doch schon bald bekam ich einen guten Eindruck davon, wie schwer es tatsächlich war, sich über einen längeren Zeitraum bewusst auf seine Atmung zu konzentrieren. Nach nur wenigen Atemzügen schossen meine Gedanken wieder in alle Richtungen und mir brannte eine wichtige Frage unter den Nägeln.

»Und werde ich dann von der *Im-falschen-Leben-Krankheit* geheilt sein?«

Der Kleine atmete betont langsam aus, bevor er mich kopfschüttelnd ansah und vor sich hin kicherte: »Okay, okay, es ist noch nie ein Meister vom Himmel gefallen.« Dann antwortete er: »Wahrscheinlich wird das bewusste Atmen nicht die Lösung für alle deine Probleme sein. Das würde mich sehr wundern. Möglicherweise gibt es dafür auch gar nicht die eine Lösung. Eher wird dich ein Zusammenspiel aus vielen verschiedenen Puzzleteilen zum großen Ganzen führen.«

»Von welchen Puzzleteilen sprichst du?«, warf ich die nächste Frage hinterher.

»Das, mein lieber Freund, gilt es zu entdecken. Wie gesagt, eine richtige Atemtechnik ist schon mal Gold wert. Damit kannst du den Moment deutlicher spüren und deine Potenziale stärken. Wenn du weiter offen für neue Erkenntnisse bleibst, dann werden wir schon sehen, wie das alles einmal enden wird«, sagte er mit Nachdruck. Erneut zog er sich in seine Atmung zurück, als ich einen kurzen, aber lauten Schrei vernahm, so als würde sich jemand in einer heiklen Situation befinden. Der Schrei schien von einer der drei Türen zu kommen, von welcher war ich mir aber unsicher, da der Laut sofort wieder verstummte. Der kleine Junge schien auf diesen Moment mit einem fröhlichen Lächeln zu reagieren.

11.

W as ist hinter den Türen?«, fragte ich ihn und ging zur ersten Tür hinüber. Der Kleine sprang ebenfalls von seinem Platz auf und eilte mir energisch hinterher.

»Halt! Stopp! Bevor wir dort hineingehen, möchte ich dir noch einige wesentliche Dinge mitteilen, um sicherzustellen, dass wir dir die bestmögliche Behandlung geben können.«

»Bestmögliche Behandlung? Das klingt irgendwie komisch, wenn du mich fragst. Hätte ich die nicht besser in dem Ärztehaus erhalten sollen?«

»Nicht zwangsläufig. Es gibt viele Orte, die dir dabei helfen könnten, wieder gesund zu werden. Vielleicht ist der Zirkus sogar einer davon. Das werden wir herausfinden.«

»Okay, aber um bei der Wahrheit zu bleiben: Ich habe nicht unbedingt den Eindruck, in einem gewöhnlichen Zirkus zu sein. Ich sehe hier keinen einzigen Besucher, geschweige denn irgendein Tier oder einen Darsteller. Die komplette Zirkusmanege fehlt, und es sieht hier alles andere als einladend aus. Das finde ich eigenartig. Überhaupt klingt der Name *Zirkus des Lebens* recht seltsam. Normalerweise tragen Zirkusse Namen wie zum

Beispiel »Zirkus Fantastico«, »Zirkus Fidibus« oder ähnlich. Aber *Zirkus des Lebens* klingt für meinen Geschmack fast schon ein bisschen zu dick aufgetragen. Also mach es bitte nicht so geheimnisvoll und erklär mir, was es mit diesen Behandlungen auf sich hat!«, platzte es aus mir heraus, denn ich fühlte mich durch seine merkwürdigen Formulierungen verunsichert.

»Wie du unseren Zirkus betrachtest, hängt davon ab, mit welchen Erwartungen du an die Sache herangehst. Die größten Enttäuschungen haben ihren Ursprung in zu hohen Erwartungen.[6] Was hast du dir denn vorgestellt? Dass du dir eine übliche Zirkusvorstellung anschaust, damit es dir wieder besser geht? Einfach herkommen und dich berieseln lassen? Mehr nicht? Das wäre doch viel zu einfach, gerade bei einer so wichtigen Angelegenheit wie dieser«, antwortete der Junge mit fester Stimme, wobei er nichts von seiner Gelassenheit einbüßte. »Natürlich sollst du wissen, um was für einen Zirkus es sich handelt und inwiefern dir ein Aufenthalt bei uns nützen kann. Das musst du sogar wissen, damit du die entscheidenden Momente nicht verpasst. Ich weiß aus diversen Erfahrungsberichten, dass du gerade solche Momente gern übergehst, weil du dir ständig Sorgen und Gedanken darüber machst, was alles passieren könnte.«

---

[6] In Anlehnung an den Lehrer und Schriftsteller Ernst Ferstl.

Er machte eine Pause, und ich wusste nicht, was ich sagen sollte. Die Ruhe und Abgeschiedenheit des Zirkus knisterte in der Luft. Es war erstaunlich, wie gut mich der kleine Junge kannte.

»Das klingt alles so befremdlich für mich«, entgegnete ich schließlich schwerfällig.

»Gut, dann möchte ich dich nicht weiter quälen und dich mit einigen Geheimnissen des Zirkus vertraut machen. Hör bitte gut zu: Jeder Mensch verfolgt ja seine ganz persönlichen Ziele im Leben und orientiert sich an bestimmten Ideen, Glaubenssätzen oder Richtlinien, um diese Ziele auch zu erreichen. Hab ich recht?«

»Ja, ich denke schon. Und weiter?«

»Und genauso verhält es sich hier. Auch der *Zirkus des Lebens* verfolgt bestimmte Ziele. So wollen wir jeden, der es zu uns schafft, im Verlauf seines Zirkusaufenthaltes dazu befähigen, zum Gestalter seiner eigenen Vorführungen zu werden. Unser höchstes Ziel – und damit kommen wir zu den speziellen Behandlungen – besteht darin, jeden Besucher dabei zu unterstützen, zu seiner wahren Quelle zu finden und das, was in ihm verborgen liegt, an die Oberfläche zu bringen. *Wer nicht weiß, wer er ist, tut nicht das, was zu ihm passt, sondern worauf er gerade stößt. Unser Leben muss stimmig sein. Es muss zu uns passen wie ein Lederhandschuh auf eine Hand. Nur dann ist es echt. Das ist die Kunst des guten Lebens.*[7] Und was unseren Namen anbelangt, so könnte er nicht zutreffender sein. Das wirst du hoffentlich bald erkennen«, erklärte er mir mit einer solchen Leidenschaft und Hingabe, dass das graue, triste Aussehen des Zirkus für mich an Bedeutung verlor.

»Unser Leben muss stimmig mit uns sein«, wiederholte ich einige seiner Worte und überlegte, was sich in meinem Leben eigentlich noch stimmig anfühlte. Grundsätzlich durchdrang mich schon immer das Gefühl, dass tief in mir etwas nicht in Ordnung war und ich eigentlich nicht das tat, was zu mir passte. Bedauerlicherweise hatte ich dieses Gefühl nie ernsthaft hinterfragt, geschweige denn versucht, daran etwas zu verändern. Vielmehr akzeptierte ich diesen bedrückenden Zustand und redete mir ein, dass sich jeder in irgendeiner Form damit herumplagte. Zu allem Übel schien sich dieses Gefühl jetzt erneut in mir auszubreiten und ich überlegte, wie ich es vor dem Kleinen verstecken konnte.

»Ich weiß sehr gut, wie es dir wirklich geht«, sagte er auf einmal ohne Umschweife, und es wirkte fast so, als wollte er mich auf etwas vorbereiten.

»Vieles von dem, was du bisher gesagt hast, klingt sehr interessant, und ich muss gestehen,

---

[7] Clara Maria Bagus (2016). Der Mann, der auszog, um den Frühling zu suchen. Eine Reise zur Leichtigkeit.

dass deine Worte eine gewisse Faszination auf mich ausüben. Aber dass du eine genaue Vorstellung davon haben könntest, wie es mir wirklich geht, kann ich mir beim besten Willen nicht denken«, raunte ich ihm zu, während ich mich weiter der ersten Tür näherte. Ich war etwas verärgert, dass angeblich schon wieder jemand wissen wollte, wie es mir ging, als mir der Kleine etwas zurief, das ich kaum glauben konnte.

»Was hast du gerade gesagt?«, fragte ich irritiert nach, derweil er ein paar Schritte auf mich zukam und mich mitfühlend anschaute.

»Ich weiß sehr gut, wie es dir geht, denn auch ich habe einen lieben Menschen durch einen tragischen Schicksalsschlag verloren. Das verbindet uns beide. Und so sehr du dich auch bemühst, es vor mir geheim zu halten, so sehr spüre ich die tiefe Verletzung in dir. Ich trage eine ähnliche Wunde in mir. Ich weiß, wie schwer es sich anfühlt, sich schuldig zu fühlen und sich verloren zu haben. Ich weiß, wie es sich mit dem Gefühl lebt, als würde ein dunkler Panzer auf der eigenen Seele liegen und diese mit einem festen Griff umklammern. All das ist mir nicht fremd, aber du wirst dich weiter verirren, wenn du alles nur durch die Brille deines Schmerzes betrachtest«, sagte er, und ich sah in seinen Augen plötzlich wie in einem Spiegel mein gesamtes Leben an mir vorbeirauschen.

Seine Worte erschütterten mich. Eine schwere Traurigkeit überkam mich und ich blickte mit immer feuchter werdenden Augen in seine Richtung. Statt wie ich verletzt oder traurig zu wirken, sah er so lebendig und glücklich aus, als wäre sein bisheriges Leben eher sorgenfrei gewesen. Dass er jedoch gerade Ähnliches durchmachte wie ich, löste in mir eine Regung aus, die ich nicht mehr zurückhalten konnte. Meine Fähigkeit, oberflächlich unberührt zu erscheinen, zerbröselte endgültig. Mit einem Schlag fiel es mir unfassbar schwer, stark zu bleiben. Im nächsten Augenblick wurde ich von meinen Gefühlen so sehr übermannt, dass ich auf die Knie ging und mir dicke Tränen die Wangen hinunterliefen. Zuletzt war mir das in den Morgenstunden passiert, als mir der Kleine das erste Mal begegnet war. Dieses Mal verspürte ich jedoch nicht den Drang zu flüchten. Vielmehr stellte sich eine gewisse Erleichterung ein, und ich weinte so viele Tränen wie schon lange nicht mehr.

»Und was würdest du mir empfehlen?«, schluchzte ich, während der Junge ganz nah an mich herankam und mir seine Hände auf die Schultern legte, so dass der Schirm seiner roten Kappe mich fast berührte.

»Ich würde es dir gerne so erklären«, begann er vollkommen ruhig. An der Art und Weise, wie er mit mir sprach, spürte ich, dass er einen Weg gefunden hatte, mit seiner Verletzung umzugehen. »Für die gute Sache zu kämpfen, ist das eine, dabei am Schmerzhaften festzuhalten, ist das andere. Du wirst kein entspanntes Leben führen können, wenn du dich immer wieder an deinem Schmerz festbeißt. Das ist noch niemandem gelungen. Ich bin aber sehr stolz auf dich, dass du endlich anfängst, deine Gefühle zu zeigen. Ich sehe auch, dass die harte Schale um deinen Kern immer brüchiger wird und du damit beginnst, dich für das, was in dir ist, zu öffnen. Steh weiterhin zu dem, was du spürst, und leugne es nicht. Es ist völlig normal, die Orientierung hinter einer inneren Mauer zu verlieren. Das alles gehört zum Heilungsprozess dazu. Möglicherweise kann man nach einem Verlust in dieser Form auch gar nicht mehr der sein, der man vorher einmal war. Dann muss man sich zwangsläufig verändern und von Neuem herausfinden, wer man wirklich ist und was einen glücklich macht. All das scheinen wichtige Fragen zu sein, mit denen du dich nun schon seit längerer Zeit herumschlägst. Mach dir bei der Suche nach geeigneten Antworten aber nicht unnötig Druck. Grundsätzlich scheint man sich nur die Fragen zu stellen, die man imstande ist zu beantworten.«[8]

Die Worte des Jungen bewegten mich tief. Allmählich bekam ich eine gewisse Vorstellung davon, wie man in dem Zirkus vorging. Von irgendwoher erklang melodisches Vogelgezwitscher, und um mich blickend bemerkte ich, dass die Sonne hoch über dem Zirkus stand. Es schien fast so, als

---

[8] In Anlehnung an Friedrich Nietzsche.

würde der Frühling eben den Winter ablösen wollen. Aber unaufhörlich liefen mir die Tränen hinunter, bis ich mich innerlich nur noch leer fühlte. Der Kleine lächelte mich liebevoll an und gab mir einen sanften Kuss auf die Stirn.

»Ich habe eine Geschichte gefunden, die deine Situation sehr treffend beschreibt. Möchtest du sie hören?«

»Sehr gern«, reagierte ich zaghaft schmunzelnd, denn mir wurde mit einem Mal klar, dass ich seinen Worten Vertrauen schenken konnte und wir uns scheinbar mitten in den speziellen Behandlungen befanden.

»Ein alter Mann aus einem fast vergessenen Indianerstamm saß mit seinem Enkel an einem großen Lagerfeuer. Die schwarze Nacht war bereits hereingebrochen, und der Himmel war sternenklar. Das Feuer knisterte und spendete den beiden Wärme und Geborgenheit. Der alte Indianer fasste sich nach einem langen Moment der Stille behutsam an die Brust, genau an die Stelle, wo sein Herz pochte, und erzählte seinem Enkel etwas aus seinem tiefsten Innenleben.

›Mein lieber Enkel, in meinem Herzen leben zwei Löwen. Der eine Löwe ist der Löwe der Dunkelheit, der Angst, des Hasses, des Misstrauens und der Zweifel. Der andere Löwe ist der Löwe des Lichtes, der Liebe, des Vertrauens, des Mutes und der Lebensfreude. Beide Löwen kämpfen oft miteinander‹, sagte er mit aufrichtiger Stimme, woraufhin sein Enkel ganz neugierig wurde.

›Und welcher Löwe gewinnt?‹, fragte er gespannt.

›Der Löwe, den ich füttere‹, antwortete der alte Indianer mit einer tiefen Ruhe in der Stimme, während sich das Feuer in seinen Augen widerspiegelte.«[9]

In diesem Moment überschlugen sich meine Gedanken einmal mehr und ich versuchte, die Worte des kleinen Jungen häppchenweise zu sortieren. Zugleich setzten wir uns wieder in Bewegung und traten gemeinsam vor die erste Tür. Währenddessen fuhr der Kleine fort:

»Finde heraus, wie du zukünftig den Löwen des Lichts füttern kannst, damit er eine größere Bedeutung in deinem Leben erhält und sich öfter blicken lässt. Wenn dir das gelingt, dann hast du für dich die beste Medizin gefunden.«

»Wie soll ich das verstehen? Soll ich etwa den weiten Weg nach Afrika zurücklegen, um dort nach Wildkatzen Ausschau zu halten?«, fragte ich ihn mit ironischer Stimme und einem leichten Grinsen im Gesicht, worüber er sich bis über beide Ohren freute. Er wirkte überaus glücklich und schien das Gespräch mit mir zu genießen.

»Reisen hilft ungemein, um neue Erfahrungen zu sammeln und seinen Horizont zu erweitern. Etwas Ähnliches wollte ich damit auch sagen, selbst wenn ich dabei nicht unbedingt an eine Reise nach Afrika dachte. Eine Reise zu dir selbst

[9] In Anlehnung an: Rainer Schwing/Andreas Fryszer (2015). Systemische Beratung und Familientherapie. Kurz, bündig, alltagstauglich.

würde schon ausreichen. Lass uns jetzt bitte mal schauen, was sich hinter der ersten Tür versteckt«, sagte er, wobei er kurz davor war, die Tür zu öffnen.

»Stopp, stopp, stopp! So einfach kommst du mir jetzt nicht davon«, entgegnete ich rasch, da mir diese Antwort nicht ausreichte und ich noch weitere Informationen brauchte. »So schwer es mir fällt, daran zu glauben; aber mal angenommen, es gibt tatsächlich so etwas wie einen Löwen des Lichts. Woher weiß ich dann, dass ich ihn gewählt habe?«

»Das ist für einen selbst und ganz besonders für Außenstehende nicht leicht zu erkennen. Daher empfiehlt es sich meist nicht, sofort Tipps und Ratschläge zu verteilen. Man kann nie genau wissen, an welchem Punkt in seinem Leben jemand steht. Außerdem fühlt sich dieselbe Problemlage für jeden unterschiedlich an, was die Angelegenheit noch schwieriger macht. Erinnere dich, was ich dir zu einer bewussten Atmung gesagt habe. Auch sie kann dir ein hilfreiches Werkzeug in vielen Lebenslagen sein. Einen wichtigen Hinweis, ob du den richtigen Löwen fütterst, liefert dir deine innere Ruhe. Wenn du dich bei dem, was du tust, innerlich entspannt und gelassen fühlst, und wenn dein Verstand nicht ständig mit vielen Zweifeln auf dich einredet, scheinst du auf einem geeigneten Weg zu sein und den Löwen des Lichts gewählt zu haben. Es wird einen entscheidenden Einfluss auf dich haben, *was* du bei deinen alltäglichen Handlungen fühlst und *wie* es dir damit ergeht. Das ist wichtig, denn dir ist nun wirklich nicht geholfen, wenn du ständig Trübsal bläst und Wünsche hinterherrennst, die dich nicht erfüllen. Ist diese Erfüllung jedoch für dich spürbar, so scheinst du dem Löwen des Lichts ganz nahe zu sein.«

Der Kleine machte eine längere Pause, während mein Interesse an seinen Worten weiter wuchs. Es fühlte sich sehr gut an, neue Gedankengänge zu hören, ohne sofort unter einem gewissen Erwartungsdruck zu stehen. Erwartungsvoll blickte ich zu dem kleinen Jungen, dieweil ich mir eine letzte Träne wegwischte.

12

Entdecke dich selbst und probiere dich aus. Finde heraus, welche Vorhaben du verfolgen möchtest, und schon hast du einen weiteren entscheidenden Schritt in Richtung Heilung vollzogen. Erreichbare Ziele dienen als Orientierungspunkte und Antreiber, sie verleihen einem Menschen Halt und Stabilität in einer unübersichtlichen Welt, ähnlich wie die Wurzeln dieses Baumes«, hörte ich den kleinen Jungen sehr eindringlich sagen. Zugleich wandte er sich von der Tür ab, ging auf den Baum zu, fuhr mit seinen Händen vorsichtig über dessen raue Rinde und schien dabei tief in sich gekehrt zu sein. Anschließend legte er seine Arme um den dicken Stamm und drückte sein Gesicht fest an die Rinde. Mit geschlossenen Augen verharrte er ein, zwei Minuten mit dem Baum tief verbunden und schien sich dabei sehr wohlzufühlen. Irgendwie bewundernswert, wie wenig Probleme es ihm bereitete, zu sich und seinen Emotionen zu stehen und genau das auszudrücken, was er gerade empfand. Da konnte ich noch viel von ihm lernen.

»Hat er kräftige und ausgeprägte Wurzeln«, erklang seine Stimme erneut und so nahe, als sei er in mich geschlüpft, »so wird er stets gut versorgt sein und auch einem starken Sturm standhalten. Fielen seine Wurzeln jedoch spärlich aus, so wäre er anfällig und geriete möglicherweise bereits bei einer Brise ins Wanken.«

»Okay, und genauso verhält es sich mit meinen Zielen im Leben?«

»Ganz genau! Selbstbestimmte Ziele sind die inneren Wurzeln deiner Zufriedenheit, unabhängig davon, was dir alles widerfuhr. Sie lassen dich leichtfüßiger durchs Leben gehen. Du hast das vielleicht schon einmal am eigenen Leib erfahren dürfen. Ziele setzen Kräfte frei und füllen deinen Körper und deinen Geist mit Energie und Tatendrang. Und bevor du jetzt wieder fragst, wie ich das meine, möchte ich es dir an einem konkreten Beispiel erläutern.«

»Warum nicht gleich so zuvorkommend«, scherzte ich, als der Kleine auch schon sein Beispiel vorbrachte.

»Stell dir bitte vor, wie du an einem späten Winternachmittag im Gebirge unterwegs bist. Du wanderst gerade auf einem Geröllpfad und ganz plötzlich kommst du ins Stolpern und rutschst den Hang hinab. Hier und da stößt du dich und fängst dir einige Schürfwunden ein, doch eine ernsthafte Verletzung trägst du nicht davon. Du rutschst Meter um Meter, bis du auf einmal mit einem Arm zwischen zwei Gesteinsbrocken hängen bleibst. So wird zwar ein weiteres Abrutschen in die Tiefe verhindert, doch kannst du dich nun nicht mehr von der Stelle bewegen. Dein Arm klemmt zwischen den Steinen so fest, dass du ihn keinen Zentimeter mehr vor- oder zurückbewegen kannst.«

»Das soll ich mir jetzt vorstellen?«, reagierte ich total verblüfft.

»Ja, nur Mut zur Fantasie! Es ist ein extremes Beispiel. Aber stell dir bitte genau dieses Szenario vor. Nun hängst du da, auf einem Abhang in zweitausend Metern Höhe, festgeklemmt zwischen zwei scharfkantigen Steinen, und kommst nicht mehr los. Die Temperaturen liegen weit unter null, und der Wind bläst dir eisige Luft ins Gesicht. Kommst du in den nächsten Stunden nicht los, wirst du über Nacht erfrieren. Auf Rettung kannst du nicht hoffen, da du leichtsinnigerweise niemandem etwas von deiner Unternehmung erzählt hast. Die einzige Möglichkeit, die dir bleibt, um dich zu befreien und dich ins nächstgelegene Krankenhaus zu retten, ist, dass du dir mit Hilfe deines Taschenmessers den Arm abtrennst.«

»Das würde ich niemals machen ...«, warf ich entsetzt ein.

»Bist du dir da sicher?«, reagierte er mit zusammengekniffenen Augenbrauen und ernstem Blick, was zur Folge hatte, dass ich meine vorschnelle Antwort nochmals überdachte.

»Ich weiß nicht genau. Es gibt wirklich keine andere Möglichkeit, um mich zu befreien?«

»Nein, einzig dein Messer kann dich retten.«

»Okay, und wenn ich es nicht mache, dann sterbe ich?«

»Ja, dann stirbst du und wirst zu Eis am Stiel«, hörte ich ihn unerschrocken sagen.

»Mmmh, es fällt mir wirklich sehr schwer, mich in so eine lebensbedrohliche Situation hineinzuversetzen; aber ich denke, wenn es tatsächlich keine andere Chance für mich gäbe, so würde ich es wahrscheinlich auf einen Versuch ankommen lassen.«

»Aha …«, sagte er triumphierend und holte tief Luft. »Auch ich würde das so machen, und viele andere Menschen ebenfalls. Das Beispiel ist natürlich sehr überspitzt, aber ich finde, es illustriert deine Situation wunderbar. Zumal es zeigt, wie wichtig es ist sich mitzuteilen«, sagte er mit einem Zwinkern im Gesicht, und ich hatte eine wage Vermutung, worauf er hinauswollte.

»In dem Beispiel wusste niemand, wo du steckst beziehungsweise wie es dir gerade ergeht, mit diesem schrecklichen Ergebnis. Mach nicht immer alles mit dir selber aus, hol dir hin und wieder Unterstützung und gern auch mal einen Rat aus deinem Umfeld. Beziehe in deine eigenen Schlussfolgerungen auch andere Ansichten ein und erweitere deinen Horizont. Schau nicht immer nur auf deine vorgefertigte Meinung, sondern lass auch mal andere Blickwinkel zu. Das kann helfen, und sobald du alle Meinungen und Haltungen gleichberechtigt nebeneinander stehen lassen kannst – dir aber dabei dennoch treu bleibst –, hast du deine eigene Meinung gefunden und weißt dich zu entscheiden. Ich bin sehr froh, dass du den Mut aufbringen konntest, mit einem erfahrenen Arzt über deine Situation zu sprechen. Jetzt fang aber auch an, beziehe dein Umfeld wieder ein und hör bitte auf, dich von allen abzuschotten. Niemand ist dir böse, und viele aus deinem Bekanntenkreis warten nur auf ein positives Signal von dir.«

Durch die direkten Worte des kleinen Jungen wurde mir schmerzlich bewusst, dass ich mich mit anderen Menschen, sofern ich überhaupt Kontakt hatte, nur über mich und meine Probleme unterhielt. Alles drehte sich nur noch um meinen Schmerz, bedauerlicherweise ohne das Ziel, wirklich nach Lösungen zu suchen. Stets hatte ich meinen Seelenkummer bei anderen abgeladen, ohne jemals einen ernsthaften Schritt unternommen zu haben, auf deren helfende Worte tatsächlich zu hören und Taten folgen zu lassen. Die Opferrolle hatte mir gut gefallen. Da war es dann nur noch eine Frage der Zeit, bis sich jeder von mir abwandte. War das also der Grund, warum ich an jenem Morgen mit niemandem am Telefon so richtig ins Gespräch gekommen war und alle abgewiegelt hatten?

»Des Weiteren möchte ich dir mit dem Beispiel deutlich machen, dass Ziele nicht nur das Leben

lebenswerter machen, sondern uns manchmal sogar vor dem Tod retten.«

»Ziele retten uns vor dem Tod?«, fragte ich mit
großen Augen nach.

»Ja, exakt. Auch das klingt wieder etwas übertrieben, aber manchmal ist es ganz genau so«, entgegnete er mir kühn und schloss die Frage an.
»Was war das übergeordnete Ziel in unserem Beispiel?«

»Sich zu befreien, um zu überleben«, antwortete
ich schnell.

»Stimmt, also um den Tod zu verhindern. Und
um dieses Ziel zu erreichen, mussten alle Energiereserven und Kräfte mobilisiert werden, um in der
Lage zu sein, sich nur mit einem Taschenmesser
den Arm abzutrennen. Hätten wir diesen inneren
Überlebensmechanismus nicht, wäre die Menschheit wahrscheinlich längst von der Bildfläche verschwunden. Es ist schon ein wahres Wunder,
wozu Körper und Geist fähig sind und mit welchen Möglichkeiten wir ausgestattet sind. Mit einem klaren Ziel vor Augen steigen unsere Kräfte
automatisch an und wir sind zu Handlungen imstande, die wir uns nur in unseren tiefsten Träumen zugetraut hätten. Aber es kommt noch besser.
Die Pointe an der Geschichte ist, dass dieses Wunder jeden Tag – auf einer weniger dramatischen
Ebene – unzählige Male ablaufen kann«, verkün-
dete er voller Begeisterung.

»Wirklich?«, fragte ich verblüfft nach.

»Ja, wirklich. Finde heraus, was deine wahren Herzensziele sind, und schon kannst du das Wunder entstehen lassen. Energie und Lebendigkeit werden dich durchströmen und der Löwe des Lichts wird zu deinem ständigen Begleiter.«

»Und wie finde …«, fing ich meine nächste Frage an, konnte sie aber nicht beenden, da der Kleine auf einmal schnurstracks um den Baum herumging und dahinter verschwand. Ich folgte ihm umgehend.

Als ich ihn wieder erblickte, grinste er mich schelmisch an. Offenbar lief in diesem Zirkus nichts normal ab. Außerdem sprach ich – bei aller scheinbaren Vernunft des Jungen – mit jemandem, der noch ein kleines Kind war. Und somit hatte ich mit allem zu rechnen.

Tatsächlich hüpfte er ausgelassen um den Baum herum, als hätte er Spaß daran, mich noch etwas hinzuhalten. Einerseits provozierte mich das in unerträglichem Maße, andererseits fühlte es sich irgendwie schön an, ihn so verspielt und unbekümmert zu erleben. Nach allem, was er bisher gesagt hatte, gönnte ich ihm seine kleine Neckerei.

»Deine wahren Herzensziele wirst du schon selber entdecken müssen. Nur du kannst die Stimme deines Inneren spüren und auf sie hören. Kein anderer kann das, und das ist auch gut so. Es spielt überhaupt keine Rolle, was die anderen von deinen Entscheidungen halten. Viel wichtiger ist, dass *du* der Entscheider bist und es deine persönlichen Ziele sind, die dich erfüllen und die du gern verfolgen möchtest.«

»Aber …«, versuchte ich erneut in das Gespräch einzusteigen, woraufhin der Kleine seine Stimme noch einmal deutlich anhob.

»Kein Aber! Das Gute daran ist, dass du es eh nie allen recht machen kannst. Also kannst du auch gleich damit beginnen, dem nachzugehen, was dir persönlich am wichtigsten erscheint. Dabei muss ich an eine Geschichte denken, aus der sehr treffend hervorgeht, wie unklug es ist, sein Leben vollständig nach den Erwartungen der anderen auszurichten.

In dieser Geschichte geht es wieder um den Großvater und seinen Enkel.

Beide wanderten schweren Schrittes während eines heißen Sommertages durch die weite Wüste. Im Schlepptau hatten sie ein in die Jahre gekommenes Maultier, auf das sie ihren Proviant und ihre spärlichen Utensilien für ein Nachtlager aufgeladen hatten. Seit mehreren Stunden hatten sie keine Pause gemacht, und die Hitze brütete gnadenlos über ihnen. Zur nächsten Oase waren es noch einige Kilometer, die sie unbedingt noch bei Tageslicht zurücklegen mussten, da ihre Wasserreserven für die Nacht nicht ausreichten.

Der Großvater war sehr müde und erschöpft. Daher entschied er, sich kurz auf das Maultier zu setzen und so von den Strapazen der anstrengenden Wanderung auszuruhen. Da kam ihnen ein Wanderer entgegen und betrachtete die drei von der Hitze gezeichneten Gestal-

ten mit einem prüfenden Blick. Mit bitterernster Stimme fragte er den Großvater, wie er es nur mit seinem Gewissen vereinbaren könne, sich von dem Maultier tragen zu lassen, während der kleine Junge die Strecke in dem tiefen Sand zurücklegen musste. Der Großvater dachte darüber nach und fühlte sich schlecht. Kaum war der Wanderer verschwunden, sprang der Alte von dem Maultier und forderte den Jungen auf, sich für eine Weile auf den Rücken des Vierbeiners zu setzen. Nach einiger Zeit kam ihnen erneut ein Wanderer entgegen. Er fragte den Großvater verwundert, warum der fitte Junge bei dieser Hitze auf dem Maultier ritt, während der Alte die Strecke auf seinen betagten Beinen zurücklegen musste. Wieder fühlte sich der Großvater schlecht und setzte sich zu seinem Enkel auf das Maultier. Der nächste Wanderer fragte den Großvater ganz aufgeregt, warum sie das alte Tier so quälten. Nachdem auch dieser Wanderer im Staub der Wüste verschwunden war, sprangen beide von dem Maultier hinab und liefen nebenher, als ihnen nach einiger Zeit der nächste Wanderer entgegenkam und erstaunt nachfragte, warum sich denn niemand von dem Maultier tragen lasse. Der Großvater dachte darüber nach und fühlte sich abermals schlecht. Er bat also seinen Enkel anzuhalten, um bei einer Rast darüber nachzudenken, wie es weitergehen sollte. Während der kleinen Verschnaufpause ging ein weiterer Wanderer auf ihr Lager zu und mahnte sie, es sei leichtsinnig, nicht auf dem direkten Weg zur Oase zu gehen, da die Abenddämmerung bereits eingebrochen war. Der Großvater dachte darüber nach und fühlte sich wieder schlecht.«

Wie bei seiner Geschichte von dem Zirkuselefanten, von dem er mir in dem Ärztehaus erzählt hatte, nahm der kleine Junge eine Haltung ein, als erwartete er eine Reaktion von mir.

»Wow, der arme alte Mann ...«, antwortete ich dieses Mal vorsichtiger und hoffte, der Kleine würde noch etwas genauer auf das alles eingehen.

»Ja, so könnte man es durchaus sehen. Dein Mitgefühl ehrt dich, aber wenn wir uns das Verhalten des Alten objektiv ansehen, so macht er sich das Leben doch ganz schön schwer. Oder etwa nicht?«

»Mmmh ...«, brummte ich gedankenschwer.

»Die Reise war ja für ihn und seinen Enkel schon anstrengend genug. Was macht er aber? Er setzt sich einer zusätzlichen Belastung aus, indem er es allen irgendwie recht zu machen sucht. Er möchte, dass es ihm, seinem Enkel und dem Maultier gut geht, aber genauso möchte er auch, dass die anderen Wanderer mit ihm und seinen Entscheidungen zufrieden sind. Alle sollen einverstanden sein und nichts zu bemängeln haben, doch am Ende ist niemand zufrieden und am meisten leidet er selbst. Es zeichnet ihn ja aus, dass er nach etwas Gutem sucht und Harmonie anstrebt. Es mag auch ein feiner Zug sein, es allen recht machen zu wollen, aber bedauerlicherweise scheint genau darin der Nährboden seiner eigenen Unzufriedenheit zu liegen. Sein eigener Anspruch überfordert ihn und versperrt ihm die Tür zum Glück.

Er allein ist dafür verantwortlich und kein anderer. Jeder hat seine eigene Perspektive auf die Dinge, und du wirst nie die Erwartungen und Vorstellungen der anderen vollständig erfüllen können. Wie aus der Geschichte wunderbar hervorgeht, wird es immer jemanden geben, der etwas zu kritisieren hat. Das wirst du nicht vermeiden können, und das musst du auch gar nicht.«

»Ja, aber ist es denn nicht gemein, von den anderen ständig kritisiert zu werden?«, brach es aus mir heraus.

»Na ja, einerseits kommt es auf die Art und Weise der Kritik an und andererseits spielt es eine wichtige Rolle, in welcher Form du damit umgehst. Das *Wie* ist einmal mehr der entscheidende Faktor. Kritik muss ja nicht zwangsläufig negativ oder aus einer böswilligen Absicht heraus ausgesprochen werden. Oftmals wird Kritik auch geäußert, um zu helfen und etwas Gutes zu bewirken. Viel zu schnell fühlt man sich jedoch angegriffen, obwohl es unser Gegenüber eigentlich nur gut mit uns meint. Wahrscheinlich könnten viele Streitigkeiten aus der Welt geschafft werden, wenn es uns besser gelänge, einander wirklich zuzuhören und auf die Botschaft hinter unseren Worten achtzugeben. Viel zu schnell gehen wir an die Decke und fühlen uns gekränkt, wenn uns nicht gefällt, was wir hören. Aber bitte glaube mir, wir sind nicht so bedeutungsvoll und makellos, wie wir oftmals denken, und schon gar nicht perfekt. Es ist doch nicht schlimm, sich mit den Standpunkten anderer auseinanderzusetzen und sie eventuell auch anzunehmen. Wahrhafte Größe bedeutet nicht, so zu tun, als sei man fehlerlos, sondern vielmehr, zu seinen Schwächen zu stehen. Die große Kunst des guten Lebens besteht darin, Hinweise und Hilfestellungen von anderen annehmen zu können, um sich weiterzuentwickeln. Wir sind keine fertigen Maschinen, die nichts mehr dazulernen können. Ganz im Gegenteil, wir befinden uns in einer ständigen Veränderung, und das gesamte Leben ist ein ständiges Wachsen, Fließen und Gedeihen.«

Daraufhin brachte ich erst einmal kein weiteres Wort heraus und schaute den Jungen nachdenklich an. Zunächst hatte er mir geraten, stets mein eigenes Ding zu machen, egal was andere davon halten. Plötzlich empfahl er mir, die Ansichten anderer einzubeziehen. Das verwirrte mich und ich überlegte angestrengt, was davon nun richtig war.

»Der Knackpunkt bei der ganzen Angelegenheit ist, dass du dir selber treu bleibst und du dich in deinem Planen und Tun wohlfühlst; dass du weißt, dass dein Handeln aus dir entspringt und ein Teil von dir ist. Die Meinung der anderen kann dir dabei eine gute Unterstützung sein, aber für eine Sache entscheiden musst du dich schon selbst!«

Während er sprach, musste ich wieder über mich und meine Vergangenheit nachsinnen, diesmal aber mit einem weniger schweren Gefühl. Wie hatte das alles einmal angefangen? Und an welchem Punkt hatte ich die Schwelle zu der *Im-falschen-Leben-Krankheit* überschritten? Ungeachtet der verschiedenen Schicksalsschläge hatte ich in meinem Leben viel zu oft nur das getan, was von mir verlangt und erwartet wurde. Bedauerlicherweise war ich sogar sehr gut darin, die Erwartungen der anderen zu erfüllen. Deren Berechtigung zu bezweifeln, wäre mir niemals in den Sinn gekommen. Dass es mehr geben musste, als Erwartungen zu erfüllen, hatte ich bis heute nicht sehen können. Dabei hatte ich sehr oft gespürt, dass irgendetwas in meinem Inneren keine Ruhe fand und ich grundsätzlich mit einer nagenden Unzufriedenheit rang. Aber auch das hielt ich für normal und fügte mich mehr oder weniger freiwillig in die große Maschinerie des Unglücklichseins. Ich führte mein Leben ähnlich wie jener Großvater in der Geschichte.

»Was möchtest du wirklich?«, fragte mich der Kleine, während ich bemerkte, dass sich ein Teil von mir auf einmal wie ausgewechselt fühlte.

»Was ich wirklich möchte, willst du wissen?«

»Ja genau, das möchte ich jetzt von dir wissen«, erwiderte er unnachgiebig, derweil ich ebenfalls ganz dicht zu ihm an den Baum heranging. Kurz vor ihm richtete ich meine Hände entschlossen zum Himmel und holte zu einer Antwort aus.

»Ich möchte meine Vergangenheit ein für alle Mal hinter mir lassen und die Gegenwart genießen. Außerdem möchte ich meine Zeit nicht mehr mit etwas füllen, das nicht wirklich zu mir passt«, antwortete ich mit festem Blick und mutiger Stimme, wobei ich – ähnlich wie der Kleine wenige Minuten zuvor – meine Arme ausstreckte und die Handflächen mit aller Kraft gegen den Baum drückte. Ich atmete tief durch und verspürte seit Langem wieder einmal den Wunsch, einfach das zu machen, worauf ich gerade Lust hatte. Ich war sehr froh über meine Worte und zugleich spürte ich die raue Beschaffenheit der Baumrinde unter meinen Fingern. Der Junge schaute mich zufrieden, ja erfreut an. Auf wundersame Weise rauschte im selben Moment ein frischer Windzug durch den Zirkus und ließ die dicken Kettenschlösser an die Türen schlagen.

»Das ist einfach wunderbar«, hörte ich den Kleinen, der inzwischen einen dicken Schlüsselbund aus seiner Hosentasche gezogen hatte und wieder auf die erste Tür zusteuerte. Das Klimpern der vielen Schlüssel verscheuchte jegliche Ruhe innerhalb der Zirkusmauern. Ich war unglaublich gespannt darauf zu erfahren, was als Nächstes geschehen würde.

Plötzlich ungehalten fragte ich: »Für einen kleinen Jungen weißt du ganz schön viel. Woher kommt das nur?«, während er einen Schlüssel in das Kettenschloss steckte und die Tür ganz langsam öffnete. Er drehte sich zu mir um und schenkte mir ein unvergessliches Lächeln, bevor er mit sanfter Güte in der Stimme antwortete.

»Um ehrlich zu sein, weiß ich nicht mehr als jeder andere. Vielleicht besteht der einzige Unterschied zwischen mir und einem Unwissenden aber darin, dass ich meine Vorstellungskraft noch nicht verloren habe. Du bist nun bereit. Wenn du möchtest, dann brechen wir jetzt zu einem weiteren Abenteuer auf. Du willst doch herausfinden, wer du wirklich bist, oder sehe ich das falsch?«

»Ja, das möchte ich, aber warte doch mal …«, rief ich ihm nach. Doch vergebens, denn er war bereits hinter der mysteriösen Tür verschwunden. Also eilte ich hinterher. Als ich die Schwelle mit einem großen Schritt überquerte, wurde es plötzlich dunkel. Es verschlug mir die Sprache und ich spürte, wie sich vor meinem inneren Auge auf einmal ein klares Ziel entwickelte.

13.

Noch bevor ich etwas von dem Inneren des Zirkusraumes erkennen konnte, waren plötzlich der Geruch einer frischen Meeresbrise und das Geräusch hereinbrechender Wellen um mich. Ich musste im Stehen eingeschlafen sein. Dies alles war unwirklich und unerwartet schön, aber auch überzeugend wie in einem Traum. Unzählige Menschenstimmen um mich vermischten sich zu einem unverständlichen Kauderwelsch. Während ich mir noch verwundert die Augen rieb und mich zu orientieren versuchte, bemerkte ich, dass sich der Boden mit jedem Schritt etwas weicher anfühlte und ich mich anstrengen musste, um einen Fuß vor den anderen zu setzen. Hinter mir fiel die Tür mit einem lauten Knall ins Schloss.

Vor mir erstreckte sich ein türkisfarbenes Meer bis zum Horizont in einer schier nicht enden wollenden Weite. Der Raum war eigentlich kein Raum, denn er besaß keinerlei Wände; ich war scheinbar an einem anderen Ort. Der wolkenlose Himmel zeigte sich in einem tiefen Blau und die Sonne strahlte mit unglaublicher Intensität, weshalb die Wasseroberfläche in den verschiedensten

Türkistönen glitzerte. Der Wind linderte die Hitze mit einer wonnigen Brise – eine Wohltat für mein aufgewühltes Gemüt. Der Sand unter meinen Füßen war so rein wie das Fell eines Schneehasen. Hin und wieder erklangen die hungrigen Schreie vorbeifliegender Möwen sowie das Tosen von Wellen, die sich in der Ferne an spitzen Felskanten und funkelndem Gestein aufrieben. Das direkt vor mir ans Ufer schwappende Wasser war ruhig und glasklar; auf dem Grund lagen zahlreiche Jakobsmuscheln und Steine. Gelegentlich schwammen ein paar Fische vorbei, ein Krebs präsentierte seine Scheren. In dieser wunderschönen Strandlandschaft hatten es sich zahlreiche Urlauber auf ihren ausgebreiteten Handtüchern gemütlich gemacht und genossen das herrliche Wetter; einige ruhten im Schatten von Sonnenschirmen oder Palmen, andere streckten ihre mit Sonnenmilch getränkten Körper dem Himmel entgegen und brutzelten in der glühenden Hitze. Dazwischen sprangen unzählige Kinder ausgelassen hin und her, bauten Sandburgen, buddelten Löcher oder kuschelten sich friedlich und entspannt in die Arme ihrer Eltern.

»Das ist ja der Wahnsinn! Das gibt es doch nicht!«, rief ich verwundert ins Meer hinaus, denn ich verstand nun gar nichts mehr. Ich konnte mir nicht erklären, wie sich hinter einer einfachen Tür so etwas Gewaltiges und Unerwartetes verbergen konnte. Natürlich passte das momentane Geschehen zu dem bisherigen Tag. Ungeachtet der Tatsache, dass ich einmal mehr an meinem Verstand zweifelte, konnte ich doch von dem wunderschönen Anblick nicht genug bekommen. Ich musste unbedingt mehr über diesen eindrucksvollen Raum erfahren.

»Das ist also das Besondere an dem Zirkus«, stellte ich fest, während ich zwischen all den Menschen nach der roten Kappe des kleinen Jungen Ausschau hielt. Zu meinem Bedauern war er aber schon wieder wie vom Erdboden verschluckt und schien mich mit meinen zahlreichen Gedanken allein gelassen zu haben. Zum Glück musste ich nicht den gesamten Strandabschnitt nach ihm ablaufen; schon bald entdeckte ich ihn wieder, allerdings draußen auf dem Meer.

»Na also, da bist du ja, kleiner Mann!«, rief ich zufrieden in die Richtung der Gestalt auf dem Wasser, während ich meine Schuhe auszog und meine Füße im feinen, weichen Sand vergrub. Einen Moment lang lauschte ich dem sinnlichen Meeresrauschen, bevor ich meinen Blick dem Jungen zuwandte. Er stand auf einem Surfbrett und balancierte elegant und leichtfüßig wie ein Tänzer – eins mit den gewaltigen Wassermassen – auf einer mächtig anschwellenden Welle; dabei kam er dem Strand immer näher. Es war die reinste Augenweide, ihm bei seiner Darbietung zuzuschauen, und ich konnte es kaum erwarten, ihm von meiner Begeisterung zu berichten. Sein Körper erschien mir unverhältnismäßig groß und muskulös. Als er in Ufernähe seine Kunststückchen fortführte, erkannte ich verwundert, dass es sich um jemanden anderes handeln musste.

»Das kann doch nicht wahr sein!« Ich riss meine Augen auf. Der dort draußen auf den Wellen ritt, war Edgar mit dem Gehirntumor. Ich wusste nicht so recht, ob ich mich über sein Erscheinen freuen oder ärgern sollte, denn immerhin hatte ich mich darauf eingestellt, die weitere Zeit mit dem kleinen Jungen zu verbringen.

»Wo zum Teufel bist du nur? Du wolltest mir doch helfen! Oder hast du nur so getan, als würdest du dich wirklich für mich interessieren?«, überlegte ich schwermütig, während ich dabei zusah, wie Edgar aus dem Wasser stolzierte und mit dem Board unter dem Arm in meine Richtung joggte. Ich versuchte, mich auf ihn zu konzentrieren, hielt aber immer mal wieder nach dem Kleinen Ausschau. Edgar war fast nicht wiederzuerkennen. In seinen Badeshorts wirkte er hier ganz anders als jener feine Anzugträger aus dem Ärztehaus. Er war einer dieser durchtrainierten, braun gebrannten Sonnyboys, die sich mit dem lässigen und entspannten Lebensstil eines Wellenreiters offenbar sehr wohlfühlen. Seine Kappe sah der des kleinen Jungen ähnlich. Es war irritierend: Trotz seiner schweren Erkrankung wirkte er munter und strotzte nur so vor Energie.

»Hallo, mein Guter«, hörte ich ihn auf dem Weg zu mir rufen. Hoffentlich übernahm er sich nicht und konnte richtig einschätzen, wie viel Anstrengung er sich zumuten durfte. Als er vor mir zum Stehen kam, sah er aber weder erschöpft aus, noch war er außer Atem. Ganz im Gegenteil, der kurze Sprint schien ihn beflügelt zu haben. Das beeindruckte mich, da ich in dem tiefen Sand schon nach wenigen Metern mit meiner Kondition zu kämpfen hatte und mir die ersten Schweißperlen von der Stirn tropften. Im nächsten Augenblick schmiss er mir sein Surfbrett direkt vor die Füße und streckte mir, wie schon im Wartezimmer, zur Begrüßung seine Hand entgegen.

»Schön, dass wir noch einmal die Gelegenheit haben. Das freut mich wirklich sehr.«

»Ja, wer hätte das gedacht«, erwiderte ich mit prüfenden Augen und bemerkte abermals seine verblüffende Vitalität, die ihm die schmachtenden Blicke einiger Strandbesucherinnen sicherten.

»Das Wetter ist phänomenal und der Wind dort draußen leistet wunderbare Arbeit. Die Wellen sind ausgezeichnet. Möchtest du es mal ausprobieren? Es wird dir vielleicht Freude bereiten?«

»Nein danke, besser nicht. Ich weiß nicht, wie das funktioniert. Bitte nimm es mir nicht übel, aber ich habe lieber festen Boden unter den Füßen«, antwortete ich, woraufhin er verständnisvoll nickte und mich anlächelte. »Und wenn ich ehrlich bin, dann finde ich es äußerst bedenklich, Sie bei einer so gefährlichen Sache wie dem Surfen zu beobachten. Sollten Sie sich nicht eher ausruhen und schonen, um wieder gesund zu werden?«

»Ausruhen und schonen? Du bist mir ja einer. Ich bin froh, dass ich noch hier sein kann, um endlich meiner großen Leidenschaft nachzugehen. Darauf habe ich viel zu lange verzichtet«, reagierte er mit breiter Brust und fügte noch schnell hinzu: »Ach und bitte, nenne mich einfach nur Edgar.«

»In Ordnung, aber Sie, ähm, du bist doch sterbenskrank, oder etwa nicht?«

»Das war ich einmal, aber vielen Dank, dass du mich daran erinnerst«, antwortete er schnell und schmunzelte mich freudig an. Ich bekam sofort ein schlechtes Gewissen, dass ich ihn so direkt darauf angesprochen hatte, doch er schien sich weniger Gedanken darüber zu machen. »Jetzt guck nicht so wehleidig. Mir geht es fantastisch, seitdem ich diesen merkwürdigen Gehirntumor in seine Schranken gewiesen habe. Viel zu lange litt ich unter seinen negativen Auswirkungen und konnte nie den Dingen nachgehen, die mir Freude bereiten und meinem Leben Sinn verleihen. Genauer gesagt hat mir das Surfen sehr stark dabei geholfen, wieder vollständig gesund zu werden und auf andere Gedanken zu kommen. Willst du es nicht doch einmal versuchen? Vielleicht kannst du einen ähnlichen Gewinn daraus ziehen?«

»Nein, das möchte ich immer noch nicht«, entgegnete ich rasch und wunderte mich über seine

Worte. »Ich verstehe nicht ganz, du redest so anders über deine Krankheit als neulich.«

»Da magst du wohl recht haben. Als ich das erste Mal davon erfuhr, reagierte ich ähnlich überrascht und verwundert wie du gerade. Ich fand das hier auch alles sehr sonderbar und unbegreiflich.«

»Ähm, bitte entschuldige, aber jetzt machst du es noch unverständlicher. Lass mich mal kurz zusammenfassen, bitte. Du hattest einen Gehirntumor und durch das Surfen bist du wieder gesund geworden? Bitte nimm es mir nicht übel, aber wenn das ein Scherz sein soll, dann finde ich ihn keineswegs lustig«, ermahnte ich ihn vorsichtig, denn ich empfand seine gesamte Wortwahl irgendwie unangebracht. Immerhin unterhielten wir uns über eine lebensbedrohliche Krankheit.

»Hab bitte Nachsicht mit mir. Ich möchte diese ernst zu nehmende und schwerwiegende Erkrankung auf keinen Fall in irgendeiner Form ins Lächerliche ziehen oder all das, was mit ihr zusammenhängt, herunterspielen. Für mich fühlt es sich aber wie eine zweite Chance an, die ich bekommen habe, und manchmal muss ich mich selber kneifen, um glauben zu können, was mir da passiert.«

»Sorry, aber ich verstehe es immer noch nicht …«, wiederholte ich mit gesenkter Stimme, woraufhin er sofort reagierte.

»Das ist kein Problem, wir lernen uns ja gerade erst kennen. Wenn wir aber einander zuhören, dann werden wir schon auf einen grünen Zweig kommen. *Zu reden ist uns ein Bedürfnis, zuzuhören ist eine Kunst.*[10] Als ich heute Morgen beim Doc war, war ich nicht da, weil es mir schlecht ging und ich ärztliche Unterstützung brauchte. Nein, ich habe ihm einen Besuch abgestattet, um mich bei ihm zu bedanken und ihm zu sagen, dass es mir endlich wieder besser geht. Durch seine Behandlung bin ich geheilt, und wenn man so möchte, dann war das heute Morgen mein letzter Termin bei ihm.«

Auch nach dieser Erklärung hatte ich immer noch keine konkrete Vorstellung davon, worauf dieser stählerne Adonis eigentlich hinauswollte. Dennoch freute es mich, dass es ihm anscheinend wieder besser ging und er etwas geschafft hatte, das er selbst kaum für möglich gehalten hatte.

»Wie findest du den Arzt?«, wollte er als Nächstes von mir wissen.

»Eigenartig, wenn du mich fragst. Ich finde ihn genauso komisch wie dich«, antwortete ich sarkastisch, woraufhin er mir kurz zuzwinkerte und lachte.

»Ach, um ehrlich zu sein, bin ich lieber komisch als unglücklich. Kommen wir aber zum Wesentlichen zurück. Ja, es stimmt. Ich litt an einem Gehirntumor. Jedoch handelte es sich dabei nicht um einen Tumor, so wie du ihn dir vorstellst, sondern

---

[10] Johann Wolfgang von Goethe.

es ging dabei um etwas anderes. Dennoch könnte die Bezeichnung ›Gehirntumor‹ für mein damaliges Leiden nicht zutreffender sein.«

Plötzlich wurde mir klar, dass anscheinend nicht nur mein eigener Besuch in dem Ärztehaus durch und durch außergewöhnlich verlaufen war, sondern dass es anderen Patienten ähnlich verrückt erging und sie ebenfalls mit eigenartigen Diagnosen nach Hause geschickt wurden. Ich fragte mich, ob er wohl auch einen Elefanten gesehen hatte, bekam aber keine Gelegenheit, ihn darauf anzusprechen, da er sich sofort weiter erklärte.

»Und zwar wollte der alte Internist mit der Diagnose ›Gehirntumor‹ auf sehr überspitzte Weise ausdrücken, dass ich an einer Krankheit litt, die durch eine Fehlnutzung meines Verstandes hervorgerufen wurde.«

Danach verstummte er für einen kurzen Augenblick, und ich schaute ihn mit einem fragenden Gesichtsausdruck an.

»Fehlnutzung deines Verstandes?«, wiederholte ich.

»Ja, Fehlnutzung meines Verstandes. Klingt verrückt, nicht wahr?«

»Absolut, passt irgendwie zu meinem bisherigen Tag. Aber egal, was meinst du damit?«

»Damit meine ich, dass ich ausschließlich destruktive Gedanken hatte und alles ausnahmslos aus einer negativen Perspektive heraus beurteilte. Ich habe lange gebraucht, um das gesamte Dilemma in seiner Komplexität zu verstehen, aber heute kann ich es sehr gut nachvollziehen, dass der Doc mein Leiden als ›Gehirntumor‹ diagnostizierte. Anders hätte ich es wahrscheinlich nicht verstanden beziehungsweise verstehen wollen, und ohne dem hätte ich vermutlich auch nichts unternommen. Die Dramatik seiner Wortwahl brachte mich jedoch endlich ins Handeln. Ähnlich, wie dich deine Diagnose heute hierhergebracht hat. Damals war mein Verstand befallen von ungesunden Gedanken, die sich rasant ausbreiteten. Anfangs waren es unterschwellige Gedankengänge, die mich und meinen Alltag belasteten. Doch je häufiger ich sie zuließ, desto mehr wucherten sie – ähnlich wie Krebszellen –, bis ich eines Tages auf der Leinwand meines Lebens nur noch Schwarz sehen konnte. Damals redete mein Verstand unentwegt auf mich ein und hielt mich mit seinen negativen Standpunkten so klein wie nur möglich. Ich erinnere mich noch sehr gut an Sätze wie ›Du schaffst das nicht‹ oder ›Du kannst das nicht‹ oder ›Du bist nicht willkommen‹. Unentwegt tauchten solche Sätze in meinem Kopf auf, so dass ich kaum noch etwas anderes glauben konnte. Das hat mich immer mehr von meiner Außenwelt isoliert. Am stärksten litten die Personen darunter, die mir am meisten helfen wollten. Immer mehr wirkte sich meine negative Art auf meine Frau, meine Kinder und meine Freunde aus. Man kann fast meinen, dass ich mein gesamtes Umfeld damit infizierte, und das so lange, bis jeder zu seinem eigenen Wohl seinen Weg ohne mich gehen musste.«

Seine Augen wurden feucht. Offenbar berührte ihn das Thema sehr stark. Im Hintergrund tobte das Meer; während sich die nächsten Wellen auftürmten, hörte ich ihm weiter aufmerksam zu.

»Wenn du immer nur negativ und bedrückt unterwegs bist, läufst du Gefahr, dass dich das Negative auch immer wieder anzieht. Negative Gedanken sind wie Krankheitserreger. Sie werden sich ausbreiten und dein Leben bestimmen, wann immer du ihnen die Chance dazu gibst. Ich habe damals das Unglück förmlich heraufbeschworen, bis ich richtig krank davon wurde. Ich verlor meine Lebensfreude fast vollständig und empfand einen mentalen Schmerz, der mich manchmal an den Rand des Wahnsinns trieb. Dann war jeder Lebenssinn geschwunden. So etwas ist für dein Umfeld natürlich sehr schwer auszuhalten. Ich befand mich in einem echten Teufelskreis. Meine Situation verschlechterte sich von Tag zu Tag so dramatisch, dass es für mich nur noch einen einzigen Ausweg gab und dieser Arzt meine letzte Chance war.«

»Lass mich raten. Der Alte hat dir nicht gesagt, was du konkret unternehmen kannst, um dich von deinem Leid zu befreien«, warf ich ein. Dabei huschte mir ein leichtes Schmunzeln über die Lippen, was mich in Anbetracht der Schwere des Themas etwas verwunderte. Zu meiner Erleichterung musste Edgar ebenso schmunzeln.

»Ja, das stimmt. Er konnte mir weder einen konkreten Hinweis noch ein Rezept geben. Lediglich ein paar Worte und seine Zeit hielt er für angemessen, um mir zu helfen. Und weißt du was?«

»Nein, was?«, fragte ich rasch.

»Ich bin sehr froh, dass er mir so viel Respekt und Achtung entgegenbrachte und ich das alles selber herausfinden durfte. Denn nur die Dinge, die du selbst lernst und am eigenen Leib erfährst, sind von Dauer und lassen dich innerlich wachsen. Der Doc half mir lediglich, indem er mir einige grundlegende Fragen stellte, und wie ich sehe, scheinst du dich seit geraumer Zeit mit ähnlichen Fragen[11] auseinanderzusetzen.«

Aus so einer Perspektive hatte ich das Verhalten des Internisten überhaupt noch nicht betrachten können. Zwar war mir in der Zwischenzeit klar geworden, dass er mir keine konkreten Ratschläge geben konnte, da jeder etwas anderes benötigte, um wieder gesund zu werden. Dass er mir mit seinem zurückhaltenden Verhalten und den wenigen Informationen aber möglicherweise Respekt und Achtung erwies, war mir neu.

»Was für Fragen meinst du?«, warf ich als Nächstes ein.

---

[11] In Anlehnung an: Clara Maria Bagus (2016). Der Mann, der auszog, um den Frühling zu suchen. Eine Reise zur Leichtigkeit.

»Die erste bedeutsame Frage, die er mir damals stellte, war, ob ich das Leben, so wie ich es führte, meinem besten Freund empfehlen würde?«

Ich schaute ein paar Möwen hinterher, die über uns hinwegflogen, und ließ seine Frage erst einmal auf mich wirken.

»Meine Antwort kannst du dir denken. Das tat im ersten Moment natürlich sehr weh, aber ich hatte ja bereits geahnt, dass ich nicht glücklich war. Wie konnte da mein Leben empfehlenswert sein? Sind die Dinge aber erst einmal ausgesprochen, bekommen sie eine ganz eigene Dynamik, und erst dann kann sich auch tatsächlich etwas verändern. Die zweite Frage, die er mir stellte, war, ob man an der Art meiner Lebensgestaltung erkennen konnte, was ich mochte? Auch meine Antwort darauf fiel sehr ernüchternd aus. Die Aktivitäten, mit denen ich meinen Alltag füllte, ließen nun wirklich nicht erkennen, was mich glücklich machte. Das alles wurde mir durch die besondere Behandlungsmethodik des Arztes bewusst und so startete mein ganz persönliches Abenteuer. Das Ganze dauerte natürlich ein Weilchen, und es gab auch keine Garantie auf Gelingen. Dennoch kam es auf einen Versuch an, denn was hatte ich noch großartig zu verlieren?«

»Nichts ...«, sagte ich zögernd und vorsichtig, woraufhin der Arzt kraftvoll die Hände zusammenschlug.

»Richtig, überhaupt nichts. Während jener Veränderungsphase lernte ich auf meine innere Stimme zu hören und mich mehr und mehr darauf zu verlassen. Wie schon gesagt, Zuhören ist eine Kunst; sich selber zuzuhören, eine noch viel größere. In jener Phase wurde mir klar, dass ich das, was als Kind bereits in mir angelegt war, wiederentdecken musste. Um zu meinem wahren Kern durchzudringen und diesen auch entfalten zu können, galt es, all die aufgesetzten Rollen und schlechten Denkgewohnheiten abzuschütteln. Ich ließ mich mehr und mehr von meinem Bauchgefühl leiten und lernte mich jeden Tag besser kennen. Eine Lektion war, dass sich in meinem Leben etwas Grundlegendes zum Guten hin veränderte, wenn es mir mit einer neuen Sache gut erging. Dementsprechend lebe ich seither nach dem Motto: Nicht jede Veränderung ist eine Verbesserung, aber jede Verbesserung erfordert eine Veränderung. Natürlich ist mir bewusst, dass ich ein extremes Beispiel bin, da ich viele Dinge in meinem Leben radikal geändert habe. Manchmal genügt es aber auch, von seinen Lebensweg zwei bis drei Meter abzukommen, um ein, drei oder fünf Jahre später an einem anderen Ort anzugelangen.«

»Das klingt wirklich sehr spannend«, entgegnete ich ihm voller Bewunderung und schaute ihn neugierig an. »Und was genau kann ich machen, damit auch mir das gelingt?«

»Du solltest damit beginnen, wann immer es geht, deine negativen Denkweisen zu überprüfen. Und strukturiere mit Hilfe von positiven Gedanken deinen Verstand so um, dass er mit deinem Herzen besser zusammenarbeiten kann.«

»Ähm, wie soll das funktionieren?«, fragte ich irritiert.

»Das ist gar keine so große Wissenschaft. Genauso, wie negatives Denken zu einer Gewohnheit werden kann, kann auch positives Denken zur Gewohnheit werden. Und zwar zu einer Gewohnheit, die du dir mit täglicher Übung selber aneignen kannst, ohne Kosten oder großen Aufwand. Also Aufwand in dem Sinne, dass du dir eine teure Ausrüstung kaufen oder in einen dieser überteuerten Kurse gehen musst, die von sich behaupten, dich sofort glücklich und zufrieden machen zu können, ohne dass du dafür viel tun musst.«

»Und wie sieht so eine Übung aus?«, sprudelte es aus mir heraus. Endlich wurde er konkreter.

»Dafür gibt es auch wieder unzählige Varianten. Ich persönlich versuche mich zunächst in einen entspannten Zustand zu bringen, denn je geringer mein Stresslevel ist, desto besser kann ich Neues aufnehmen. Anschließend versuche ich, mit der Unterstützung von Mantras oder positiven Formeln eines meiner destruktiven inneren Programme[12] umzuschreiben, und zwar so lange, bis ich friedfertiger und wertschätzender mit mir selber umgehe. Im Laufe meines Heilungsprozesses habe ich all das gelöscht, was mir durch mein früheres Umfeld auf die Festplatte gespeichert worden war. Ich habe einfach damit begonnen, hier oben eine neue Datei zu entwickeln«, sagte er grinsend, während er sich dreimal eine leichte Kopfnuss verpasste, um mir deutlich zu machen, was genau er meinte.

»Und wie sieht so ein Mantra aus?«, fragte ich weiter nach und bohrte dabei mit meinen Zehen unruhig im Sand herum.

»Jeder muss sein Eigenes entwickeln. Mein ganz persönliches Mantra ist zugleich meine ganz persönliche Lebensformel. Die lautet: *Ich lebe ruhig und gelassen, ganz egal, was auch kommen mag. Ich bin der Gestalter meines Lebens. Und so, wie ich bin, ist es ausreichend, denn ich bin willkommen auf dieser wunderschönen Welt.«*

»Wow, das hört sich gar nicht so schlecht an. Und das liest du dir dann vor?«

»Na ja, mittlerweile beherrsche ich es auswendig, so dass ich es mir immer wieder suggerieren kann, wann immer ich etwas Kraft benötige oder mit mir selber wieder überkritisch umgehe.«

»Und wie lange machst du das dann?«

---

[12] In Anlehnung an: Heinz-Peter Röhr (2013). Die Kunst, sich wertzuschätzen. Angst und Depression überwinden. Selbstsicherheit gewinnen.

»Das mache ich so lange, bis ich mich gelassener und sicherer fühle.«

»Und das funktioniert wirklich?«, fragte ich verblüfft nach.

»Erstaunlicherweise! Es fühlt sich einfach gut an, mutig zu sein und positiv zu denken. Positive Gedanken können Wunder bewirken. Erinnere dich bitte an die Situation vor dem Zirkus, als du mit dir im starken Zweifel warst, ob du den Zirkus auch tatsächlich betreten solltest. Doch allein dadurch, dass du dir immer wieder positiv zugesprochen und Mut gemacht hast, wurden in deinem Kopf Areale aktiviert, mit deren Hilfe du tatsächlich die notwendigen Schritte machen konntest. Mut erzeugt Mut und Angst erzeugt Angst. Die Gedanken, für die wir uns entscheiden, bestimmen, was wir machen werden. Angst, Zweifel oder Bedenken hätten genau das Gegenteil bewirkt. Wahrscheinlich würdest du jetzt nicht vor mir stehen, wenn du jenen Gedanken nachgegeben hättest. Der Talmud hat das sehr treffend beschrieben: *Achte auf Deine Gedanken, denn sie werden Worte. Achte auf Deine Worte, denn sie werden Handlungen. Achte auf Deine Handlungen, denn sie werden Gewohnheiten. Achte auf Deine Gewohnheiten, denn sie werden Dein Charakter. Achte auf Deinen Charakter, denn er wird Dein Schicksal.*[13] – Positives Denken

---

[13] Gedanken aus dem Talmud: Mündliche Lehre der Gesetze und religiösen Überlieferungen des Judentums nach der Babylonischen Gefangenschaft.

setzt sich in unserem Gehirn fest, und immer dann, wenn wir wertschätzend und umsichtig mit uns umgehen, werden in unserem Gehirn Verbindungen gebahnt und gefestigt. Das verstärkt wiederum den Effekt, dass wir leichter und positiver mit uns und den Aufgaben des Lebens umgehen. Und wie gesagt, genauso verhält es sich andersherum. Auch negatives Denken kann sich festsetzen und unseren Alltag bestimmen. Glücklicherweise ist unser Gehirn wandelbar und zu wahren Meisterleistungen fähig.«[14]

»Das klingt wahnsinnig spannend«, entgegnete ich voller Entzücken.

»Ja, das ist es auch. Und ob du es glaubst oder nicht: Dadurch bin ich zum Surfen gekommen«, sagte er mit einer tiefen Dankbarkeit in der Stimme und blickte zufrieden auf das Meer hinaus. »Möchtest du es nicht doch einmal versuchen?« Er zeigte voller Hingabe auf sein prächtiges Surfbrett.

»Danke, aber du könntest mir bei etwas anderem helfen. Ich suche den kleinen Jungen mit der knallroten Baseballkappe. Er saß heute Morgen bei dir im Auto, und kurze Zeit später stolzierte er durch das große Wartezimmer des Ärztehauses. Er war auch derjenige, der mich im *Zirkus des Lebens* empfing und mir die Tür zu diesem Raum öffnete. Ohne ihn wäre ich wahrscheinlich gar nicht hier.

---

[14] Hierzu mehr in: Gerald Hüther (2012). Biologie der Angst. Wie aus Streß Gefühle werden.

Ich habe das Gefühl, dass ich ihn nicht aus den Augen verlieren darf.«

Nachdem ich das gesagt hatte, schaute mich Edgar mit einem überraschten Blick an.

»Ich kann mich an dich und die Situation heute Morgen sehr gut erinnern, aber dass da ein kleiner Junge bei mir im Auto oder im Wartezimmer war, kann ich leider nicht bestätigen.«

»Was? Du willst mich wohl auf den Arm nehmen?«

»Nein, mit Sicherheit nicht. Du musst dich irren. Warum sollte ich dich auf den Arm nehmen wollen?«

Danach erwähnte ich den kleinen Jungen in seiner Gegenwart nicht mehr. Für die nächsten Minuten fiel es mir unglaublich schwer, mich weiter auf Edgar zu konzentrieren. Wie konnte er nur so etwas behaupten? Ich war mir hundertprozentig sicher, dass ich den kleinen Jungen mit meinen eigenen Augen gesehen und mit ihm gesprochen hatte. Ungeachtet meiner aufkommenden Zweifel versuchte ich, ruhig zu bleiben und mich noch einmal genau zu erinnern, als Edgar sich plötzlich das Surfbrett schnappte und wieder Richtung Meer lief.

»Hey, bitte warte doch! Du musst den Jungen kennen. Wo ist er?«, rief ich ihm nach, ohne eine Antwort zu erhalten. Kaum hatte Edgar das Wasser erreicht, schmiss er sich energiegeladen auf das Brett und paddelte wieder zum Horizont hinaus.

Ich konnte es einfach nicht glauben, dass es die Begegnung mit dem Kleinen nicht gegeben hatte. Daher versuchte ich – getreu Edgars Worten –, meine Gedanken schnell auf etwas Positives zu lenken, und schaute ihm ein weiteres Mal beim Surfen zu.

Trotz der vielen Ungereimtheiten war es doch bemerkenswert, dass er so viel Freude am Surfen entwickeln konnte und seinen Frieden mit sich und der Welt gemacht hatte. Mehr noch: Das Meer schien sich nach seinen Bewegungen auszurichten und seinen Anweisungen zu folgen. Die Wassermassen stürzten unablässig auf ihn zu und er schrie wie ein Rodeoreiter auf einem wilden Stier, während er eine verrückte Bewegung nach der anderen machte. Dabei war er ganz bei sich. Mich und die Aufmerksamkeit der anderen Strandbesucher, die ihm staunend zuschauten, brauchte er offenbar überhaupt nicht. Auch ohne sie war er voll und ganz glücklich.

14.

Sobald Edgar wieder in Ufernähe war, rannte ich in seine Richtung und klatschte dabei so stark in die Hände, dass es mir schon sehr übertrieben vorkam. Ich wollte ihm aber unbedingt zeigen, wie beeindruckt ich von ihm und seinen Kunststücken war, denn nie zuvor hatte ich so viel Perfektion mit eigenen Augen erlebt. Unabhängig davon war ich erleichtert, dass er wieder da war und mich nicht so lange warten ließ. Somit konnte ich alle Gedanken an den kleinen Jungen erst einmal beiseiteschieben.

»Wie schaffst du das nur?«, fragte ich ihn sogleich, als er wieder aus dem Wasser kam.

Er schaute mich irritiert an und fragte seinerseits: »Was meinst du?«

»Wie schaffst du es, nach so viel Leid und Unglück so fröhlich zu sein und die Wellen so bravourös zu beherrschen. Das war einfach grandios. Es scheint fast so, als hättest du nie etwas anderes in deinem Leben getan!«

»Danke für die Anerkennung, mein Freund. Dein Kompliment bedeutet mir sehr viel. Dahinter steckt natürlich enormer Fleiß und Ausdauer, denn es ist noch nie ein Meister vom Himmel gefallen. Du kannst dir gar nicht vorstellen, wie viele Stunden ich damit verbringen musste, um überhaupt erst einmal auf einem Surfbrett stehen zu können und nicht herunterzufallen. Es dauerte ewig, immer wieder stieß ich an meine Grenzen. An manchen Tagen hätte ich gern alles hingeschmissen und bekam bereits vom Anblick eines Surfbretts miese Laune. Um es in einer Sache aber zur Meisterschaft zu bringen, musst du üben, üben, üben, ganz egal, wie sehr dein innerer Schweinehund dich daran hindern möchte. Es ist unabdingbar, dass du nie aufgibst und an deine Fähigkeiten glaubst. Das sind wesentliche Grundvoraussetzungen für das Gelingen. Das Entscheidende bei mir aber war, dass ich mich bewusst dazu entschieden hatte, grundlegende Verhaltensweisen in meinem Leben zu verändern und Neues auszuprobieren. Denn wie du vielleicht weißt ...«, hörte ich ihn und sofort stimmte ich chorartig in seinen Satz ein:

»... das Leben beginnt außerhalb der Komfortzone.«

Wir lachten beide. Ich fühlte mich sehr wohl in seiner Nähe. Zusätzlich zu seiner erstaunlichen körperlichen Verfassung strahlte er eine tiefe Weisheit aus, wie ich sie vorher nur bei Menschen gesehen hatte, die tatsächlich das erlebt hatten, wovon sie sprachen.

Ich nahm ihm jedes Wort ab und hing mit voller Konzentration an seinen Lippen, wenn er über seinen persönlichen Wandel redete. Insgeheim wünschte ich mir, durch ihn und seine beeindruckende Geschichte noch Weiteres über mich lernen und herauszufinden zu können.

»Und wie bist du dann ausgerechnet aufs Surfen gekommen?«, fragte ich.

»Ich denke, dass sich meine Leidenschaft für das Surfen ganz von alleine entwickelt hat, nachdem ich mit meiner inneren Veränderung gut vorangekommen war. Wenn du erst einmal weißt, wer du wirklich bist, dann weißt du auch, was du wirklich willst.«

»Deine Leidenschaft für das Surfen hat sich ganz von alleine entwickelt?«, wiederholte ich verwundert.

»Ja. Oftmals ist das Leben gar nicht so kompliziert, wie wir es uns gern einreden wollen. Ich habe lange gebraucht, um es so sehen zu können, aber die meisten Dinge könnten uns viel leichter von der Hand gehen, wenn wir weniger verbissen an die ganze Angelegenheit herangingen. Mit einer gelasseneren inneren Haltung wäre vieles im Leben sogar recht einfach. Und wenn es doch mal schwerer werden sollte, dann wird sich schon irgendwann ein Lösungsweg für das Problem anbieten. Der Mensch ist ja bekanntermaßen zu unvorstellbaren Leistungen fähig, und es schadet ihm nicht, sich selber und seinen Fähigkeiten ein wenig mehr Vertrauen zu schenken.«

Er machte eine kurze Pause und richtete seinen Körper mit einem gleichermaßen entspannten wie konzentrierten Gesichtsausdruck zur Sonne aus. Er suchte nach den richtigen Worten, während ihm Wasser vom Kinn auf die Brust tropfte.

»Warum sollte es uns nicht gelingen, richtig zu leben?«

»Mmmh, wegen der vielen Verletzungen?«, reagierte ich mit einer Mischung aus Ernsthaftigkeit und Zurückhaltung.

»Ja, vielleicht, aber aus Verletzungen kann man viel lernen. Durch meinen Leidensweg wurde mir deutlich, was ich tief in meinem Inneren möchte. Unabhängig von meinen heutigen Fähigkeiten im Umgang mit einem Surfbrett war ich bereits in meiner Kindheit ganz fasziniert von den großen Ozeanen dieser Erde. Als Kind stellte ich mir immer vor, welch atemraubende Welten sich unter den riesigen Wassermaßen verbergen und welch wunderbare Schätze dort zu finden seien. Ich liebte es schon immer, mich am Strand und im Wasser aufzuhalten und die tiefe Ruhe und unbändige Kraft in mich aufzunehmen, die das Meer auszustrahlen vermag. Diese Liebe ist mir in meinem späteren Leben irgendwie abhandengekommen, so dass sie erst einmal wiederentdeckt werden musste. Wie bereits erwähnt: Nachdem ich von meiner Erkrankung erfahren hatte, habe ich damit begonnen, grundlegende Dinge in meinem Leben zu verändern. Erinnere dich an die Mantras beziehungsweise die positiven Denkmuster, von denen ich dir erzählt habe. Seit jeher habe ich mich in den verschiedensten Feldern ausprobiert. Als ich dann das erste Mal auf einem Surfbrett stand, war es wieder da, dieses intensive Gefühl von damals – und ich wusste sofort, dass ich die Kunst des Wellenreitens unbedingt erlernen wollte. Ab diesem Zeitpunkt habe ich es immer wieder geübt, bis ich es komplett beherrschte und mir selbst die größte Welle keine Angst mehr einjagte. Wann immer ich kann, bin ich im Wasser. Das ist für mich die richtige Art zu leben.«

Ich war hin und weg von seinen Worten und hätte am liebsten erneut in die Hände geklatscht. »Du kannst dich wirklich sehr glücklich schätzen, aber was gibt dir die Sicherheit, dass du dich für den richtigen Weg entschieden hast?«

Bei dieser Frage leuchteten seine Augen auf. »Weil ich mir absolut sicher bin. Wann immer ich auf meinem Surfbrett stehe, bin ich ganz bei mir und muss nicht darüber nachdenken, was war oder was kommen wird. Die Zeit scheint dann keine Rolle mehr zu spielen. Es gibt nur noch mich und den unmittelbaren Augenblick. Alles andere rückt in den Hintergrund. Es ist einfach meine Bestimmung, dieses Leben zu führen. Da bin ich mir absolut sicher. Ich bin glücklich und zufrieden, mit dem was ich tue, auch wenn man mich dafür oft belächelt, weil ich nicht das große Geld mache oder die Leute meinen, dass ich in meinem Alter einer seriöseren Tätigkeit nachgehen sollte. Was auch immer das bedeuten soll ...«, fügte er schulterzuckend an.

Ich spürte, wie echt seine Worte waren. Er sprach aus tiefster Seele.

»Inzwischen bin ich so gut, dass sich sogar andere Begeisterte von mir unterrichten lassen. Nachdem ich mir das Wellenreiten bis zur Perfektion angeeignet hatte, habe ich all meinen Mut zusammengenommen und meine letzten Geldreserven zusammengekratzt, um eine Surfschule zu gründen. Auch das war natürlich mit vielen Hürden verbunden, aber siehe da, seit geraumer Zeit lehre ich diesen wunderbaren Sport und lerne ganz nebenbei immer wieder faszinierende Persönlichkeiten kennen«, entgegnete er mir mit einem Augenzwinkern.

Zweifellos war er ein Vorbild für mich. Sein Mut, seine Disziplin und die couragierte Art und Weise, wie er zu seiner wahren Bestimmung gefunden hatte, erschienen mir absolut nachahmenswert.

»Übrigens war es nicht das Surfen, das am schwierigsten zu erlernen war, sondern die Notwendigkeit, Wege zu finden, um mich so annehmen zu können, wie ich damals war und heute bin. So, wie ich gerade vor dir stehe, kann ich von mir sagen, dass ich mich selber zu lieben gelernt habe. Diese Liebe zu mir selbst half mir in den entscheidenden Momenten, am Ball zu bleiben, so dass mich die Meinung der anderen nicht mehr aus der Bahn werfen konnte.«

»Okay …«, reagierte ich beeindruckt, »dir zuzuhören ist ja fast noch interessanter, als dich bei deinen Surfkünsten zu beobachten. Aber hast du denn gar keine Angst, dich da draußen zu verletzen oder vielleicht sogar umzukommen?«, fragte ich ihn und überlegte sofort, ob es nicht zu persönlich war, mit ihm über den Tod zu sprechen. Ich spürte, wie ich rot anlief, und wünschte, diese Frage nicht gestellt zu haben.

»Du brauchst dich nicht zu schämen. Das ist eine sehr wichtige Frage. Es klingt im ersten Moment vielleicht eigenartig, aber Angst habe ich überhaupt nicht mehr, denn, wie gesagt, *Angst erwächst zu einem großen Teil aus einer Geschichte, die wir uns selbst erzählen, also hab ich beschlossen, mir eine andere Geschichte zu erzählen.*[15] Im Grunde genommen ist alle Heilung, im Wesentlichen, eine Loslösung von der Angst. Vielleicht sterbe ich tatsächlich dort draußen auf dem Meer, aber dann weiß ich zumindest, dass ich nichts zu bereuen habe, und werde glücklich abtreten. Das Leben ist zu schön, um sich ständig Sorgen zu machen und sich runterziehen zu lassen. Wenn es so weit ist, dann kann ich mir sicher sein, dass ich intensiv gelebt und mir meine kostbare Zeit nicht selber

---

[15] In Anlehnung an: Cheryl Strayed (2015). Der große Trip – Wild.

kaputtgemacht habe. Durch das Surfen spüre ich endlich die Verbindung zu mir und kann der sein, der ich wirklich bin«, sagte er aufrichtig. Dabei ruhten seine Augen mit einer ruhigen Zuversicht auf mir, und ich fühlte, wie sehr er mit sich und der Welt im Einklang war. Ich spürte den warmen Seewind an mir vorbeiziehen, als ich sein Surfbrett genauer ins Visier nahm und dabei ein leichtes Kribbeln im Bauch aufkam.

»Meinst du, ich kann auch etwas so leiden- schaftlich beherrschen wie du das Wellenreiten?«, fragte ich im nächsten Moment.

»Mit Sicherheit, jeder Mensch kann zu einem Meister werden. Es lohnt sich, nach seinen Leiden- schaften und Interessen Ausschau zu halten.«

Kaum hatte er diesen Satz ausgesprochen, da schnappte ich mir das Surfbrett und rannte auf das Meer zu. Eine Minute später stand ich bereits knö- cheltief im Wasser und musste aufpassen, um auf den glitschigen Steinen nicht auszurutschen.

»Oh nein, so habe ich mir das eigentlich nicht vorgestellt. Wollen wir nicht lieber erst einmal langsamer anfangen?«, hörte ich Edgar hinter mir rufen, derweil ich mich auf das Brett legte, um besser vorwärtszukommen.

»Sei bitte vorsichtig da draußen und unter- schätze nicht die Kraft des Meeres. Es wäre ein Jammer, wenn dir etwas Schlimmes zustoßen würde«, waren die letzten Worte, die ich vernahm.

Ich war wild entschlossen, Neues auszuprobieren. Ich fühlte mich nach dem Gespräch mit Edgar wie jemand anderes und hoffte, die Erfahrung des Surfens würde mir genauso viel Freude bereiten wie ihm.

Ich paddelte immer weiter hinaus, bis die Wellen ordentlich auf mich einpeitschten. Das erste Mal in meinem Leben begann ich, mich auf einem Surfbrett aufzurichten. Noch zögerte ich und ließ mehrere Wellen an mir vorbeirauschen, entschied mich dann aber kurzerhand, es einfach drauf ankommen zu lassen und die nächstbeste Welle zu nehmen. Ich spannte meinen Körper an und spürte, wie ich von einer immer größer werdenden Welle in die Höhe gehoben wurde. Jetzt brauchte ich mich nur noch aufzurichten, um ein richtiger Surfer zu sein. Mein Herz hämmerte in der Brust, und es war klar: Es gab kein Zurück mehr.

»Na, dann mal los. Jetzt oder nie!«, schrie ich aus voller Kehle, während ich mich mit den Armen vom Brett abstieß und meinen Oberkörper nach oben drückte. Das funktionierte noch ganz passabel, und ich spürte, wie das Wasser nach allen Seiten spritzte. Jetzt nur noch meine Beine anwinkeln, um in den aufrechten Stand zu gelangen. Doch das war gar nicht so einfach. Auf halber Strecke schoss das Surfbrett unter mir nach vorn, ich verlor den Halt. Meine Beine flogen in einem hohen Bogen in die Luft, der Sturz war nicht mehr zu vermeiden. Ich knallte mit dem Rücken auf die

Wasseroberfläche und schrie vor Schmerz laut auf. Zu allem Übel raubten mir die wirbelnden Wassermaßen die Orientierung und ich geriet etwas in Panik. Nach mehreren schwindelerregenden Umdrehungen stieß mir das Surfbrett unsanft in den Magen, so dass ich mich daran festhalten konnte und mein Gesicht über die Wasseroberfläche brachte. Beim Luftschnappen schluckte ich Wasser. Vor lauter Aufregung, Verwirrung, Angst und dem Salzwasser im Magen wurde mir ganz übel, und es fiel mir sehr schwer, mich über Wasser zu halten.

Nachdem ich für weitere Sekunden mit meinem Körper und meiner Fassung rang, wurde der Wellengang erfreulicherweise wieder ruhiger. Wie ein nasser Sack hing ich an dem Surfbrett. Ich hatte den Kampf gegen die Wellen haushoch verloren. Verärgert schlug ich auf die Wasseroberfläche ein, als ich auf einmal, nicht weit von mir entfernt, eine Gestalt auf einer Welle reiten sah. Dieses Mal war ich mir ganz sicher, dass es sich um den kleinen Jungen handelte. Er war ähnlich geschmeidig auf dem Wasser unterwegs wie Edgar. Er legte mit seinem Brett einen eleganten Schlenker hin und steuerte geradewegs in meine Richtung. Noch erschöpft von meiner missratenen Aktion schaute ich ihn gebannt an, als er direkt vor mir zum Stehen kam und mich verschmitzt anlächelte.

»Es gibt dich also doch«, murmelte ich erleichtert in seine Richtung und stieß einen Seufzer aus.

»Zum Glück gibt es mich«, erwiderte er ohne langes Überlegen. »Ich war die ganze Zeit da und konnte dich wunderbar beobachten. Du weißt selber, dass das ganz schön in die Hose ging. Nach deiner halsbrecherischen Aktion bin ich wirklich sehr froh, dass du dich nicht ernsthaft verletzt hast«, sagte er, derweil ich meinen Körper abcheckte, um zu überprüfen, ob dem auch tatsächlich so war. Gott sei Dank war ich den scharfen Felskanten nicht zu nah gekommen, so dass ich lediglich auf die Wasseroberfläche geklatscht war. Bis auf einen gereizten Magen schien ich mir nichts Ernstes zugezogen zu haben.

»Es ist schon bemerkenswert, dass du dir so eine anspruchsvolle Tätigkeit wie das Surfen zutraust. Dabei hat dir Edgar ja nicht umsonst gesagt, dass er selber sehr lange Zeit und sehr viel Training brauchte, um es zu erlernen«, fügte er belehrend hinzu. Ich wunderte mich über sein plötzliches Erscheinen und konnte mir nicht erklären, wieso er von dem Gespräch mit Edgar wusste. Zu meiner Erleichterung machten die Wellen weiterhin eine Verschnaufpause und das Meer blieb ganz ruhig. Edgar war weit und breit nicht zu sehen.

»Ich wollte doch nur herausfinden, ob mich das Surfen auch so glücklich macht wie Edgar«, sagte ich enttäuscht, während sich der kleine Junge auf sein Brett setzte.

»Und, macht es dich genauso glücklich?«, fragte er und beobachtete mich dabei, wie ich damit kämpfte, meinen Körper ähnlich entspannt auf das Brett zu heben.

»Ich bin mir sicher, dass Edgar für sich das Richtige gefunden hat. Aber um ehrlich zu sein, kann ich mir nicht vorstellen, dass das Surfen jemals zu meiner großen Leidenschaft werden kann. Dazu fehlt mir anscheinend einiges.«

»Wie meinst du das?«, warf der Kleine ein und schaute mich neugierig an.

»Mmmh ...«, zuckte ich mit den Schultern und klammerte mich mal rechts, mal links an das Surfbrett, um nicht schon wieder ins Wasser zu plumpsen. Der Junge schmunzelte. Offenbar fand er meinen misslungenen Surfversuch recht amüsant.

»Dann lass uns doch mal gemeinsam überlegen«, fing er an, woraufhin ich ebenfalls schmunzeln musste. »Vielleicht fehlt es dir an Talent? Vielleicht fehlen dir aber auch die notwendigen körperlichen Fähigkeiten? Vielleicht auch ein guter Gleichgewichtssinn? Vielleicht hast du doch weniger Spaß daran? Vielleicht fehlt es dir aber auch an der notwendigen Hingabe? Oder an Übung und Trainingseinheiten?«

»Ja, ja, ich hab's kapiert. Du hast ja recht«, unterbrach ich ihn und spritzte ihm Wasser ins Gesicht. Er nahm die Einladung an, und für die nächsten Sekunden schlugen wir auf die Wasseroberfläche ein und spritzten uns gegenseitig nass.

Das fühlte sich so gut an, dass ich für einen Moment meinen Sturz vergaß.

»Versuch nicht, das Leben eines anderen zu kopieren«, hörte ich ihn sagen, derweil mir das Wasser am Gesicht herunterlief, »sondern finde dein eigenes Glück. Mit ein wenig Mut kannst du sein, wer du sein möchtest. Und mit noch ein wenig mehr Mut kannst du sein, wer du wirklich bist. Suche weiter danach, was dich im Inneren berührt und was zu deinen Fähigkeiten passt. Irgendwann wirst du fündig werden. Und um es einmal ganz deutlich auszusprechen: Du bist doch kein Draufgänger, sondern eher ein ruhiger und besonnener Charakter.«

»Du scheinst mich wohl besser zu kennen als ich mich selber. Ich weiß auch nicht, was da auf einmal in mich gefahren ist.«

»Wenn man es positiv sehen möchte, dann kannst du nun eine weitere Sache ausschließen, die nicht zu dir passt«, sagte er mit Nachdruck, während ich mich daran erinnerte, wie Edgar durch einen liebevolleren Umgang mit sich selbst und durch positives Denken sein Leben hatte verändern können. Was war eigentlich so schlimm daran, dass ich mit meinem ungestümen Versuch baden gegangen war? Jetzt war ich jedenfalls sehr erleichtert, dass der Kleine wieder da war, auch wenn Edgar behauptete, dass er ihn nicht gesehen hatte. Außerdem wunderte es mich, dass Edgar,

kurz nachdem der Junge wieder auftauchte, verschwunden war.

»Komm, lass uns zurück zum Ufer paddeln und
diesen Raum verlassen. Dir steht noch einiges bevor«, forderte er mich auf. Am Ufer schmiss der
Kleine sein Surfbrett auf den Sand und rannte zu
der Tür, die hier so einsam und verlassen herum-
stand wie eine jener Fahnen, die Bergsteiger nach
einer erfolgreichen Gipfelbesteigung hinterlassen.

An der Tür drehte sich der Junge zu mir um:
»Nun mach schon, immer muss ich so lange auf
dich warten«, hörte ich ihn rufen, während ich
meinen Körper einmal mehr durch den weichen
Sand bugsierte. Ich wunderte mich über seine Eile.
Immerhin war er es, der so lange weg gewesen
war. Nichtsdestotrotz war ich gespannt zu erfahren, wie es weitergehen und was mir nach dem
ersten Raum noch alles widerfahren sollte. Also
folgte ich ihm so zügig wie möglich. Kurz vor der
Tür drehte ich mich ebenfalls um, um vielleicht
einen letzten Blick von Edgar auf dem Meer zu
erhaschen. Die Sonne stand mittlerweile sehr niedrig über der Wasseroberfläche und strahlte mir
direkt ins Gesicht, so dass ich nur mit größter Mühe etwas erkennen konnte. Das Meer schimmerte
blutrot, und für einen kurzen Augenblick kam es
mir tatsächlich so vor, als hätte ich eine rasche Bewegung auf dem Wasser entdeckt. Doch da zog
mich der kleine Junge schon fest an der Hand, und
ich folgte ihm durch die Tür.

15.

Zurück auf dem Zirkusplatz bemerkte ich, dass an einigen Ästen des großen Baumes auf einmal sattgrüne Blätter hingen. Sie wirkten wie frische Farbtupfer im Baumschatten, die gegen die Monotonie des Gewöhnlichen angehen wollten. Die Temperatur war hier nach wie vor sehr angenehm. Nach den unglaublichen Geschehnissen im ersten Raum, die mich sehr aufgekratzt hatten, empfand ich die plötzliche Stille als sehr entspannend.

Der kleine Junge hatte es sich erneut auf der rostigen Parkbank gemütlich gemacht und lächelte mir von dort fröhlich zu. Sogleich ließ ich mich neben ihm nieder.

»Wow, würde ich nicht noch den Sand zwischen meinen Zehen spüren, könnte ich kaum glauben, dass wir soeben am Meer waren. Schade, dass wir so schnell gehen mussten. Ich hatte gerade an der Situation Gefallen gefunden. Warum hattest du es auf einmal so eilig?«, fragte ich ihn und zappelte dabei auf der Bank hin und her.

»Damit du ihn nicht verpasst«, entgegnete er knapp, während er mich mit einem geheimnisvollen Blick ansah und sich dabei die Hände rieb.

»Von wem sprichst du? Du meinst doch nicht etwa Edgar? Ist er hier?«

»Bitte hab noch etwas Geduld. Du wirst schon früh genug erfahren, von wem die Rede ist. Es ist wunderbar, dich wieder fröhlicher zu erleben. Ich würde jetzt gern von dir wissen, was du hinter der ersten Tür gelernt hast. Alles Weitere später«, sagte er und sah mir dabei zu, wie ich mich in dem Zirkus umschaute. Nachdem ich aber niemand anderen sehen konnte, suchte ich nach einer passenden Antwort auf seine Frage.

»Mmmh, lass mich mal überlegen. Ich habe gelernt, dass mir allem Anschein nach die notwendigen Voraussetzungen fehlen, um mich mit einem dünnen Butterbrett auf dem Wasser fortzubewegen.«

Ich schaute ihn mit einem breiten Grinsen im Gesicht an, und es war unverkennbar, dass er sich über meine Worte amüsierte. Im selben Augenblick brachen wir in herzhaftes Gelächter aus.

»Du hättest dich mal sehen sollen …«, keuchte er, derweil wir uns den Bauch hielten und nach Luft rangen. Obwohl ich dadurch die schmerzhafte Stelle, wo mich das Surfbrett gerammt hatte, noch deutlicher spürte, genoss ich die aufkommende Heiterkeit und war froh, seit Langem mal wieder so ausgelassen lachen zu können. Als wir uns beruhigt hatten, nahm sein Blick einmal mehr einen besonnenen Ausdruck an.

»Wie schön, dass du es mit Humor nimmst, denn *Humor ist der Regenschirm der Weisen.*[16] Wenn du magst, dann würde ich dir jetzt gerne die Geschichte[17] von einem Obstbauern erzählen, der sich auf das Anpflanzen von Zitronenbäumchen spezialisiert hat.« Ich lehnte mich entspannt auf der Bank zurück, sog den herrlichen Duft der frischen Meeresbrise ein, der auch hier zu spüren war, und willigte kopfnickend ein. Der Kleine begann zu erzählen:

»Bevor der Bauer eines Tages mit seiner Tätigkeit – Zitronen anzupflanzen – begann, wollte er sich erst einmal schlau machen, wie das überhaupt funktionieren könnte. Nächtelang verbrachte er im schummrigen Licht seiner Schreibtischlampe und las jedes Buch, das er dazu finden konnte. Die wichtigsten Erkenntnisse schrieb er gewissenhaft auf, denn er wollte unbedingt alles richtig machen und möglichst alle Fehler im Voraus vermeiden.

Nach mehreren Monaten fühlte er sich wissend genug, um an die Arbeit zu gehen und die Theorie in die Praxis umzusetzen. Zunächst erwarb er einen riesigen Garten und grub die gesamte Fläche in der Größe von zwei Fußballfeldern um. Jeden Spatenstich setzte er haargenau an, bis das Feld komplett umgegraben und die Erde bereit war, die ersten Setzlinge zu empfangen. Voller Euphorie setzte er den gesamten Tag Bäumchen für Bäumchen, und nachdem er damit fertig war, schritt

---

[16] In Anlehnung an: Erich Kästner.
[17] In Anlehnung an: Ajahn Brahm (2004). Die Kuh, die weinte.

*er jede einzelne Reihe noch einmal ab, um die Setzlinge
zu zählen. Dafür benötigte er nochmals so viel Zeit,
dass am Himmel schon die Sterne blinkten, als er endlich fertig war. In dieser Nacht konnte er fast kein Auge
zumachen, so aufgewühlt und voller Genugtuung war
er von sich und seiner akribischen Arbeit.*

*Morgen für Morgen fuhr er zu seinem Garten hin-
aus, um das riesige Feld zu bewässern und das Gedeihen seiner Setzlinge zu beobachten. Nach einigen Monaten wandelte er durch ein Meer aus prächtigen Zitronenbäumen.*

*Dann setzte er eine Anzeige in die Tageszeitung, um
die Bewohner seines Dorfes zur Besichtigung seines
Zitronenhains einzuladen. Und noch konzentrierter
widmete er sich seiner Aufgabe und behütete das Zitronenfeld wie ein König seinen Schatz. Einige Tage später
geschah es dann endlich: An seinen Bäumchen hingen
die üppigsten Zitronen – so groß, wie er sie sich in seinen kühnsten Träumen nicht erhofft hatte. Am meisten
lobte er sich dafür, dass die Zitronen in einem knalligen
Gelb schimmerten und dass das gesamte Feld in einer
perfekten Symmetrie angeordnet war. Alle Bäume hatten die gleiche Höhe und wiesen die gleiche Anzahl an
Zitronen auf. Es war einfach unfassbar. Seine Arbeit
hatte sich vollkommen gelohnt und zur Erinnerung
machte er etliche Fotos. Seine Liebsten würden staunen
über so viel Präzision und Fleiß, und unter den Bauern
würde er wahrscheinlich zum Starbauer aufsteigen. Er
freute sich über sein gewachsenes Ansehen in der Dorfgemeinschaft, noch bevor überhaupt jemand sein Feld
gesehen hatte. Überschwänglich legte er sich zur Ruhe,*

um am nächsten Tag die erste Besichtigung einzuläuten.

Am nächsten Morgen überlegte er aufgeregt, wie er am besten vorgehen sollte. Als Erstes sollte er das Feld bewässern, so dass die gelben Zitronen bereits von ferne funkelten. Als er zu seinem Obsthain hinuntergehen wollte, warf er nochmals einen Blick über die gesamte Anlage. Zu seinem Entsetzen musste er feststellen, dass ausgerechnet in der Mitte des riesigen Feldes drei Bäumchen die anderen um einige Zentimeter überragten und noch grüne Zitronen an ihnen hingen. Sofort rumorte es in seinem Magen und er fluchte. Unter den vielen Hundert Zitronenbäumen ließen die drei missglückten sein Werk alles andere als perfekt erscheinen. Wie hatte ihm nur so ein verheerender Fehler unterlaufen können, nachdem er sich so viel Wissen angeeignet und so viel Zeit in seine Arbeit investiert hatte! Kurzerhand entschied er sich, unter diesen Bedingungen niemanden aufs Feld zu lassen. Alle würden ihn sonst für einen Hochstapler halten und sich über seine landwirtschaftlichen Fähigkeiten lustig machen. Viele würden ihm gar die Bekanntschaft kündigen und nie wieder etwas von ihm erwerben wollen. Also fuhr er zurück in das Dorf und setzte alle Hebel in Bewegung, um die Besichtigung abzublasen.

Für den nächsten Tag beschloss er, das gesamte Feld zu zerstören und das Ganze schnell zu vergessen. Bevor er zur Tat schritt, setzte er sich auf seine alte Gartenbank. Müde, weil er vor Ärger die ganze Nacht nicht geschlafen hatte, versank er in einen tiefen Schlaf. Als er wieder aufwachte, erblickte er einen Besucher, der sich *irgendwie in den Garten hineingemogelt haben musste und nun zwischen all den Zitronenbäumchen auf und ab ging. Er schaute sich jeden einzelnen Baum sorgfältig an und ging schließlich mit leuchtenden Augen zu dem Bauern, um ihn zu seinem außergewöhnlichen Zitronenfeld zu beglückwünschen. Es sei einfach wunderbar, so viele herrliche Zitronen zu sehen, wiederholte der Besucher immer wieder. Der Bauer aber überlegte, ob der sich über ihn lustig machte und ihn für dumm verkaufen wollte. Er fragte ihn, ob er denn die drei Störenfriede in der Mitte des Feldes nicht entdeckt habe. Ohne einen Hauch von Ablehnung oder Kritik erwiderte der Besucher freundlich, er habe die drei Bäume selbstverständlich wahrgenommen. Doch umso schöner seien die vielen anderen Bäume, die so köstliche Zitronen trugen, wie er sie noch nie gesehen habe.«*

Wie üblich schaute mich der Junge erst einmal nur an und wartete ab, wie ich auf die Geschichte reagierte. Ich blieb jedoch stumm, konnte mir aber ein kleines Schmunzeln nicht verkneifen. Das schien ihm als Reaktion ausreichend, und wenig später begann er wieder zu sprechen.

»Manchmal sind wir unfähig zu sehen, was positiv in unserem Leben verläuft. Die Gründe für diese Blindheit können vielschichtig und verschiedenen Ursprungs sein. Oftmals führt gerade unser Streben nach Perfektion und Makellosigkeit dazu, dass wir Zitronen auf den Augen haben und nur noch unsere Fehler und Schwächen wahrnehmen. Wegen dreier missratener Bäume zog der Obstbauer sein komplettes Vorhaben zurück und wollte gar alles zerstören. Erst als ihm der Besu-

cher glücklicherweise auf die Sprünge half und deutlich machte, wie schön sein Feld doch war, schien er das endlich auch sehen zu können. Am nächsten Tag lud er erneut zur Besichtigung ein, um mit der gesamten Dorfgemeinschaft seine Freude zu teilen. Dazu gehörte auch ein Festmahl im Zitronenhain, wie es das Dorf zuvor noch nie erlebt hatte.«

Der kleine Junge rückte näher an mich heran und legte seinen Arm sanft um meine Schultern.

»Ich kann verstehen, dass es dir schwerfällt, etwas Positives zu entdecken, wenn du an deine Vergangenheit denkst. Natürlich gibt es einige gute Gründe, um wütend, traurig und enttäuscht zu sein, aber sei dir stets gewiss, dass es daneben auch viel Schönes und Positives gibt. Folglich muss auch viel Schönes und Positives in dir zu finden sein. Leider hast du den Blick dafür verloren, weil du nur noch drei fehlerhafte Zitronenbäume in dir sehen kannst und dich ausschließlich über sie definierst. Daher leidest du an der *Im-falschen-Leben-Krankheit*. In Wahrheit aber gibt es unglaublich viele schöne Anteile in dir; sie sind überall, nur leider konzentrierst du dich ausschließlich auf die negativen. Und zu allem Übel willst du sie alle unbedingt beseitigen. Aber es ist überhaupt nicht schlimm, Fehler, Schwächen oder Unzulänglichkeiten zu haben. Im Grunde genommen sind das die Eigenschaften, die uns menschlich und einzigartig machen. Oftmals sind das sogar die Besonderheiten, die andere Menschen an uns mögen und wertschätzen. Für ein gesundes Leben brauchst du den Mut, deine unzähligen gelungenen und bezaubernden Eigenschaften zu sehen. Dann wird deine Welt anders aussehen und du wirst viel friedlicher und freudvoller in und mit ihr leben können. Aktuell lähmt dein Schmerz aber noch deine Fähigkeit, dich selbst und auch deine vermeintlichen Fehler zu lieben und anzunehmen. Sobald dein Schmerz dich nicht mehr beherrscht, besteht die wunderbare Möglichkeit, zur Liebe zurückzufinden.«

»Zur Liebe zurückfinden?«, sprach ich ihm mit leiser Stimme nach. »Um ehrlich zu sein, bin ich mir nicht sicher, ob ich überhaupt weiß, was Liebe ist.«

»Das ist völlig in Ordnung und nicht weiter schlimm. Jeder hat seine eigene Auffassung von der Liebe, und für jeden ist sie auch ein klein bisschen anders. Das war schon immer so und wird vermutlich auch immer so bleiben. Nicht umsonst sprechen Fachleute in diesem Zusammenhang sogar von verschiedenen Liebessprachen[18].«

»Verschiedene Liebessprachen?«, wiederholte ich.

»Ja, so wie die Menschen unterschiedliche Sprachen sprechen, um miteinander zu reden, genauso

---

[18] In Anlehnung an: Gary Chapman (2015). Die 5 Sprachen der Liebe. Wie Kommunikation in der Partnerschaft gelingt.

drücken sie ihre Liebe untereinander in unterschiedlicher Art und Weise aus.«

»Okay, das klingt interessant. Sprich bitte weiter.«

»Jeder benötigt was anderes, um sich geliebt zu fühlen. Die einen fühlen sich angenommen, wenn sie in den Arm genommen werden. Andere wiederum fühlen sich geliebt, wenn sie ein wertschätzendes Wort erhalten oder jemand mit ihnen Zeit verbringt. Oder man fühlt sich geliebt, wenn einem jemand hilfreich zur Seite steht oder etwas schenkt, ohne dafür eine Gegenleistung zu erwarten. Das sind einige Varianten der Liebessprache. Daneben gibt es aber noch eine Vielzahl unterschiedlicher Akzente, weshalb ich das Thema hier auch nur anreißen kann. Um sich geliebt zu fühlen, benötigt jeder ein bisschen etwas anderes. Das ist wichtig zu wissen. Ein Vater zum Beispiel, der seine Liebe ausdrückt, indem er seinem Sohn Spielsachen kauft, obwohl dieser sich eher ein aufbauendes Wort oder gemeinsame Zeit wünscht – um sich auch wirklich angenommen zu fühlen –, lässt den Jungen immer mit einem unzureichend gefüllten Liebestank zurück. Das wiederum kann auf Dauer verheerende Folgen haben, ähnlich wie ein halb voller Treibstofftank auf einem Langstreckenflug. Ich denke, du verstehst, was ich damit meine.«

»Ja, ich verstehe gut, worauf du hinausmöchtest«, reagierte ich mit gesenkter Stimme und überlegte, welche Liebessprache ich denn eigentlich benutzte.

»Wir alle sprechen unterschiedliche Liebessprachen, und wenn wir nicht aufpassen, kann es passieren, dass eine Liebesgeste vollkommen an dem Empfänger vorbeigeht und wirkungslos bleibt. Das lässt sich an vielen Beziehungen beobachten, und zwar nicht ausschließlich zwischen Eltern und Kindern, sondern auch zwischen Lebenspartnern, ja letztlich an jederlei Beziehung zwischen Menschen.«

»Und was macht man in so einer Situation? Also wenn zwei Seiten verschiedene Liebessprachen sprechen?«, wollte ich postwendend von ihm wissen. Einmal mehr sprach er über ein sehr bedeutsames Thema.

»Viele Menschen trennen sich in so einer Situation, was nicht unbedingt immer sein müsste. Viele Beziehungen könnten wahrscheinlich glücklich fortgeführt werden, wenn der eine Partner die Liebessprache des anderen erlernen würde. Dazu bedarf es natürlich sehr viel Anstrengung und Übung, gerade wenn man in der eigenen Liebessprache noch nicht weit fortgeschritten ist. Der Gewinn könnte aber ein großer sein, denn durch das Erlernen und die Anwendung der jeweils anderen Liebessprache verringert sich das Risiko immens, dass sich eine der Parteien ungeliebt fühlt. Der Liebestank bliebe dann aufgefüllt, und man würde sich automatisch angenommen und sicher fühlen, was wiederum Kräfte freisetzt, so dass man selber mehr Liebe geben kann. Natürlich gibt es auch Beziehungen, in denen die Liebe erloschen ist oder nie da war, unabhängig davon, welche Sprache gesprochen wurde. Aber darum soll es hier nicht gehen.«

»Die Sache mit der Liebessprache klingt wirklich sehr interessant. Vermutlich würde die Welt viel liebevoller sein, wenn dieses Thema präsenter wäre.«

»Vielleicht. Vielleicht auch nicht«, erwiderte er und lächelte mich fröhlich an. »Ich kann dir nur sagen, dass deine bisherigen Erfahrungen mit der Liebe – was sie denn sei und wie es sich mit ihr verhält – zu einem großen Teil von Abhängigkeiten geprägt waren.«

»Meine bisherigen Erfahrungen mit der Liebe waren von Abhängigkeiten geprägt?«, fragte ich verblüfft nach.

»Ja, denn bisher konntest du dich ausschließlich dann geliebt fühlen, wenn es dafür einen triftigen Grund gab. Zum Beispiel konntest du dich immer erst dann sicher und angenommen fühlen, wenn dir jemand sagte, dass du etwas gut oder richtig gemacht hast. So sah deine bisherige Welt aus. Das zieht sich durch wie ein roter Faden. Du hast diese Welt so sehr verinnerlicht, dass du dich selber nur nach deinen Leistungen und Erfolgen bewertest. Beziehungsweise wertest du dich ab, sobald dir ein Vorhaben nicht gelingt. Wahre Liebe zu sich selbst ist aber weitaus mehr, als seinen Selbstwert auf seine Leistungen zu stützen und darauf, was andere über einen denken. Für die Liebe muss es keinen Grund geben, du musst dafür nichts Besonderes erbringen oder leisten. Liebe ist ein Geschenk, das man dir machen kann beziehungsweise das du dir selber – und anderen – machen kannst. Eigentlich ist es gar nicht so schwer. Dafür musst du aber in der Lage sein, mehr in dir wahrzunehmen als drei missratene Zitronenbäumchen.«

»Liebe ist ein Geschenk?«, wiederholte ich nachdenklich, »das hört sich sehr schön an.«

»Exakt. Liebe ist aber noch viel mehr als das.«

»Noch viel mehr?«

»Ja. *Liebe ist der Geist, der allen Dingen Leben verleiht*[19], und sie ist *eine dauerhafte Leidenschaft für das Leben sowie das unablässige Staunen über alles, was wir mit unseren Sinnen wahrnehmen können. Bewegungen, Gerüche, Farben, Formen.*[20] Liebe ist der Genuss am Sein. Die Liebe hält dich in Bewegung, und somit ist sie die Grundvoraussetzung für wahrhaftiges Leben. Finde zurück zu jener Liebe und du bist geheilt«, antwortete er und in diesem Moment war mir, als würde ich über der roten Kappe des Jungen ein kleines Licht wahrnehmen, das kurz aufleuchtete und sofort wieder erlosch. »Folge weiter den Zeichen und vertrau deiner In-

---

[19] Chinesisches Sprichwort.
[20] In Anlehnung an: A. G. Roemmers (2015). Die Rückkehr des kleinen Prinzen.

tuition. Deine Intuition steht für die Liebe in dir. Mehr als ihr zu folgen, musst du eigentlich nicht machen.«

»Und wie soll das gehen?«, war meine nächste Frage.

»Du bist mittendrin«, antwortete er ohne jedes Zögern. »Vertrau weiter deiner Intuition und hör auf dein Bauchgefühl. Manchmal taucht sie in Form eines inneren Gefühlsausdrucks auf, der leise, aber fortlaufend zu dir spricht. Oftmals meldet sie sich aber auch als ein Zeichen oder als ein vermeintliches Wunder und gelegentlich sogar in Gestalt einer bestimmten Person. Bedauerlicherweise kannst du diese Zeichen, Wunder oder Personen nicht ohne Weiteres heraufbeschwören. Aber es scheint so, als seien sie immer in deiner Nähe, vorausgesetzt dein Verstand lässt das zu. Wenn es dir gelingt, weiterhin auf deine Intuition zu hören, findest du zurück ins Leben.«

Mit diesen Worten ließ mich der kleine Junge auf der Bank zurück und marschierte einmal mehr mit klimpernden Schlüsseln zu einer der Türen hinüber.

16

Die unglaubliche Wandlung von Edgar und die wachrüttelnden Gespräche mit ihm und dem kleinen Jungen sowie die Geschichte über den Obstbauern stellten vieles auf den Kopf, was ich jemals über mich zu wissen glaubte, und meine Sicht auf das Leben geriet vollständig aus den Fugen. Darüber hinaus spürte ich eine neu gewonnene Fröhlichkeit in mir wachsen, während ich die zweite Tür durchschritt und gespannt war, was mich dahinter erwarten sollte. Offenbar nahm mein Traum kein Ende. Wenn es nach mir ging, musste ich nicht aufwachen, denn hinter den Türen verbargen sich glücklich stimmende, neue Welten.

Wie schon im ersten Raum dauerte es eine Weile, bis ich etwas erkennen konnte. Noch war alles um mich herum in einen schwarzen Schleier gehüllt. Diesmal hatte ich festen Untergrund unter den Füßen und bei jedem Schritt ertönte ein lang gezogenes Knarren. Nachdem ich einige Schritte zurückgelegt hatte und es zunehmend heller um mich herum wurde, realisierte ich, dass ich aus der hölzernen Hintertür einer sehr alten, aber gepflegten Blockhütte trat und auf eine überdachte Terrasse gelangte. Das Knarren kam von den Holzbrettern des Terrassenbodens. Ein hüfthohes Geländer, das mit wunderschönen Verzierungen und Schnitzereien versehen war, so wie ich sie an einigen der Stühle im Wartezimmer des Ärztehauses bereits gesehen hatte, begrenzte die Terrassenfläche. Das Fenster in der Hüttenwand war blickdicht und die Fensterbank schmückte ein Kasten mit zahlreichen Blumen. Davor standen zwei Schaukelstühle an einem kleinen runden Tisch, darüber hing ein imposanter Kronleuchter. Außerdem belebten kleinere und größere Utensilien wie ein Stapel Brennholz oder ein altes Vogelnest die Terrasse. Auf dem Tisch sah ich zwei gefüllte Teetassen und eine Kanne, aus der es wunderbar duftete. Ohne lange zu zögern nahm ich einen Schluck von dem frisch gebrühten Tee und betrachtete das Naturschauspiel vor der Hütte. Der mir dargebotene Anblick übertraf alles an Schönheit und Erhabenheit, was ich bis dahin je gesehen hatte.

Die Blockhütte war eingeschlossen von einer traumhaft idyllischen Berglandschaft. Ringsum ragten gewaltige Tannen in die Höhe, von denen gelegentlich einzelne Tannenzapfen mit einem dumpfen Geräusch herabfielen. Einige Meter von der Hütte entfernt ruhte ein tiefblauer See, dessen Wasseroberfläche so still dalag, dass sich die üppigen Wolken des Himmels klar darauf spiegelten. Ab und an tauchte ein Fisch empor und brachte die Wolkenbilder zum Tanzen. Das Wetter war klar und die Luft so rein, dass jeder Atemzug angenehm erfrischte. Der steinige, unberührte Strandabschnitt vor dem See wirkte, als wäre noch nie zuvor ein Mensch an diesem Ort gewesen. Alle paar Meter sammelten sich zwischen den rauen Kanten der Steine kleine Büsche aus angeschwemmtem Gestrüpp. Auf einem größeren Baumstumpf saß eine Schildkröte, die gelassen in die Ferne schaute. Der See war von einem grünen Baumkleid gesäumt, was den Eindruck von Frische und Vitalität verstärkte. Am Horizont, weit über den Baumkronen, zeichnete sich eine gewaltige Gebirgskette ab, deren schneebedeckte Gipfel zum Teil im Nebel verschwanden. Die mächtigen Berge verströmten ein tiefes Schweigen bis in die Hütte hinein und schienen mit ihren kalten Körpern über alles zu wachen.

Da war ein Hauch von Sorglosigkeit um mich, in den ich so tief wie möglich einzutauchen versuchte. So stellte ich mir den perfekten Ort vor. Wie schon im ersten Raum brauchte ich etwas Zeit, um wirklich zu begreifen, was sich um mich herum abspielte. Der Tee schmeckte köstlich und wärmte mich von innen, als ich auf einmal einen breiten Schwarm am Himmel erblickte, der direkt auf die Hütte zusteuerte. Zunächst konnte ich nicht erkennen, um welche Geschöpfe es sich dabei handelte. Als sich der Schwarm jedoch in unmittelbarer Nähe der Hütte befand, konnte ich sehen, dass unzählige gelbe Schmetterlinge auf mich zuflogen. Sie wirkten wie ein riesiger Feuerball am Himmel, der mich nur ein paar Wimpernschläge später erreichte. Die kleinen Flugtiere ließen sich überall nieder und verwandelten die gesamte Blockhütte in ein strahlend gelbes Wunderwerk. Ich war entzückt von dem bezaubernden Anblick der leuchtenden Zitronenfalter. Dies erinnerte mich auch daran, wie schön es doch war, dass der Obstbauer einen Weg gefunden hatte, mehr als nur die drei missglückten Zitronenbäume zu sehen. Einige der Schmetterlinge setzten sich sogar auf mich, und ich stellte mir vor, jeder einzelne von ihnen würde eine positive Eigenschaft von mir verkörpern. Während ich mich dieser fantastischen Vorstellung anvertraute, kamen immer mehr Falter und kitzelten mich mit ihren Flügeln im Gesicht. Es war schwer, mich weiter ganz ruhig zu verhalten. Als ich mir ein kurzes Lachen nicht verkneifen konnte, flatterten die Schmetterlinge auf und zogen weiter, hinterließen aber ein Gefühl der Geborgenheit in mir. Von dem kleinen Jungen fehlte einmal mehr jegliche Spur, doch verspürte ich eine gewisse Zuversicht, dass er schon bald wieder auftauchen würde.

Nachdem von dem gelben Schwarm nichts mehr am Himmel zu sehen war, ging ich von der Terrasse über eine kleine Treppe – sprichwörtlich mit Schmetterlingen im Bauch – zum See hinunter. Vorsichtig balancierte ich über die vielen Steine und kurz darauf stand ich vor einem kurzen, hölzernen Steg, an dessen Ende ein kleines Paddelboot angebunden war. Ich löste das Tau und stieg hinein. Während ich mich ganz langsam vom Ufer entfernte, lauschte ich auf die ergreifende Stille der Natur. Die Blockhütte rückte immer weiter weg, und im sanften Schaukeln des Bootes auf dem Wasser wurden meine Augen immer schwerer. Mir war die angenehme Schwere willkommen, und wenige Augenblicke später fiel ich in einen tiefen, erholsamen Schlaf. Ich weiß nicht, wie lange ich schlief und mich treiben ließ. Erst als das Boot am gegenüberliegenden Ufer mit einem leichten Ruck auf Grund lief, wachte ich auf. Energiegeladen sprang ich aus dem Boot und stieg eine Böschung hinauf. Dahinter befand sich ein dichter, im Wind rauschender Wald, der mich mit Vogelgesang willkommen hieß, während ich einem fast vollständig zugewachsenen Pfad folgte, gespannt, wohin er mich führen würde. Unter meinen Füßen knisterten Blätter und Ästchen, und die frische Waldluft trug die unterschiedlichsten Gerüche herbei. Hin und wieder sah ich ein Eichhörnchen an den Baumstämmen, und vereinzelt flogen gelbe Schmetterlinge um mich her.

So vergingen einige Minuten, und ich tauchte immer tiefer in den Wald ein. Plötzlich erblickte ich einen ausgewachsenen Hirsch, der mit gesenktem Kopf mitten auf dem Pfad stand und seelenruhig äste. Er schien mich überhaupt nicht bemerkt zu haben. Ein wenig verängstigt, vor allem aber fasziniert duckte ich mich ins hohe Gras, um ihn nicht zu erschrecken. Sein kastanienbraunes Fell glänzte seidenmatt in der schräg einfallenden Sonne; an seinem imposanten Geweih zählte ich vierzehn Enden.

Merkwürdigerweise verspürte ich keinen Funken Angst. Ganz im Gegenteil. Derweil ich ihn beobachtete und mir der Duft von feuchtem Moos und Pilzen in die Nase stieg, fühlte ich einen starken Tatendrang. Irgendetwas musste ich unternehmen, bevor der Hirsch womöglich wieder verschwand.

»Der eine sieht nur Bäume dicht an dicht, der andere Zwischenräume und das Licht[21]*«*, ermutigte ich mich im nächsten Moment, während ich mich wieder aufrichtete und behutsam, aber entschlossen auf den Hirsch zuging. Erst als ich unmittelbar vor ihm stand, riss er sein stolzes Geweih in die Höhe und schaute mir, nur wenige Zentimeter entfernt, direkt in die Augen. Seltsamerweise zeigte er keinerlei Scheu oder Unbehagen, und so verstrichen lange Sekunden, ohne dass etwas geschah. Auf einmal streckte der Hirsch seine Zunge heraus und leckte mir einmal quer übers Gesicht. Verwirrt wich ich einen großen Schritt zurück, geriet aber nicht in Panik. Dann drehte er sich um und schnellte seine Vorderbeine in die Höhe. Sein röh-

---

[21] In Anlehnung an: Rainer Schwing/Andreas Fryszer (2015). Systemische Beratung und Familientherapie.

render Schrei bewirkte, dass ein paar Vögel aufschreckten und das Weite suchten. Danach trabte
er elegant und entspannt davon, und ich folgte
ihm instinktiv. Nach allem, was bisher geschehen
war, dürfte ich ihn nicht ohne einen triftigen
Grund getroffen haben. Er erschien mir wie ein
Führer, der mir in den Tiefen des Waldes Schutz
und Orientierung bieten und mich an einen siche-
ren Ort führen würde.

Für die nächsten Minuten schritten wir also
gemeinsam den Pfad entlang, bis wir den Wald-
rand erreichten und vor der gewaltigen Gebirgskette standen. Der Pfad mündete in einen kaum
erkennbaren, steilen Geröllpfad den Hügel hinauf.
Von dorther sprudelte mir ein hübscher Wasserfall
entgegen, der unten im Tal einen kleinen Bach bildete. Während ich diesen Anblick noch genoss,
röhrte der Hirsch ein weiteres Mal, richtete dabei
seine Schnauze hügelan und schwenkte sein Geweih hin und her, als wollte er mir damit etwas zu
verstehen geben. Ich begriff, dass der Pfad für ihn
viel zu steil war und er mich nicht weiter begleiten
konnte. Zum Abschied strich ich ihm über sein
weiches Fell, dann machte ich mich auf den Weg
nach oben. Anfangs war der Geröllpfad noch eini-
germaßen passierbar, und ich kam gut voran.
Doch schon bald ging es steiler bergan, so dass ich
mich stark konzentrieren musste, um auf dem
steinigen Untergrund nicht zu stürzen und wieder
hinabzurutschen. Ich fühlte mich zusehends ange-

spannter, da mir allmählich die Puste ausging und der Pfad so steil wurde, dass ich mich nur noch auf allen Vieren fortbewegen konnte.

Nach weiteren zermürbenden Höhenmetern zwang mich mein Körper schließlich, eine Pause einzulegen und mich erst einmal auszuruhen. Ich setzte mich auf den Hosenboden und blickte den Weg zurück. Ich konnte kaum glauben, wie weit ich gekommen war und wie viel Kraft und Anstrengung mir der Aufstieg abverlangt hatte. Von unten hatte der Weg viel einfacher ausgesehen. Ans Aufgeben wollte ich jedoch nicht denken. Im Grunde genommen glich der Hügel meinem bisherigen Leben. Auch mein Lebensweg war voller Unsicherheiten und Hindernisse gewesen, und ich konnte nicht abschätzen, was mich noch erwarten sollte. Dem Rat des kleinen Jungen folgend lauschte ich weiter auf meine Intuition. Ich atmete tief durch, bündelte meine letzten Kraftreserven und nahm die verbliebenen Meter in Angriff. Der Schweiß lief mir aus allen Poren und meine Muskeln zitterten mit jedem zurückgelegten Schritt. Dennoch kam ich weiter voran und der Hügelkuppe immer näher. In der Ferne hörte ich erneut ein dumpfes Röhren; im nächsten Augenblick hatte ich es endlich geschafft und stand im hellen Sonnenlicht des Gipfels. Zwar war ich total ausgelaugt, doch fühlte sich das paradoxerweise nicht schlecht an. Mein Körper war zwar ausgepumpt, doch mein Geist war überaus wach und lebendig.

Außerdem war ich stolz, den Aufstieg bewältigt zu haben und nicht wieder umgedreht zu sein.

Die Hügelkuppe nahm nicht mehr Platz ein als mein Wohnzimmerteppich, doch schien der Ausblick von hier die gesamte Größe und Schönheit der Welt in sich zu vereinen. Begeistert schaute ich ins Land und fühlte mich für alle Qualen und Anstrengungen belohnt, während ich mir den Staub aus den Kleidern schlug. Das gesamte Naturschauspiel – von der winzigen Blockhütte bis hierher – erweckte ein deutliches Gefühl der Verbundenheit in mir. Während ich noch die immense Kraft der Natur auf mich wirken ließ, verspürte ich auf einmal den starken Wunsch nach jener Atemübung, die mir der kleine Junge zeigte, kurz nachdem ich den *Zirkus des Lebens* betreten hatte. Mit jedem bewussten Atemzug fügten sich Puzzleteile wie von selbst zu einer schon immer dagewesenen Weisheit zusammen. Eine sonderbare Energie durchströmte mich und ich fühlte mich wie neugeboren.

»*Das Leben ist schön und selbst der schwerste Moment kann etwas Positives bereithalten. Ich bin mutig und lasse los. Ich bin mutig und lasse los ...*«, murmelte ich vor mich hin und fühlte mich mit jeder Wiederholung etwas freier. Mein eigenes Mantra war entstanden. Ich war im Einklang mit mir selbst und empfand eine tiefe Dankbarkeit dafür, am Leben zu sein.

Mein Verstand ruhte und die Zeit schien stillzu-
stehen. Beim Blick nach unten über den Wald hinweg entdeckte ich die feinen Umrisse einer Gestalt
in der Nähe der Blockhütte, konnte aber nichts
Genaueres erkennen. Da es mittlerweile dämmerte
und sich die Sonne allmählich auf ihre Nachtruhe
vorbereitete, entschloss ich mich zum Rückweg.
Dieser verging in Windeseile ohne nennenswerte
Vorkommnisse, und bald war ich wieder auf der
Terrasse. Wie schön wäre jetzt etwas Gesellschaft
gewesen, aber niemand war da. Die zwei Teetassen waren nach wie vor bis zum Rand gefüllt und
der Tee war eigenartigerweise immer noch heiß.
Ich schaute über den See hinweg zu den Bergen
und versuchte, die helle Hügelkuppe ausfindig zu
machen, auf der ich mich vor Kurzem noch befun-
den hatte.

Ein leises Knarren ließ mich in alle Richtungen
blicken. Zu meiner Freude kam im nächsten Moment der kleine Junge fröhlich und gut gelaunt um
die Ecke. Dieses Mal ging nicht nur von seiner
Kappe, sondern von seinem gesamten Körper ein
so intensives Leuchten aus, dass ich mir erst einmal die Augen bedeckte. Nachdem ich mich an
das helle Licht gewöhnt hatte, umarmte ich den
Kleinen und berichtete ihm von meinen bisherigen
Erlebnissen.

»Das war einfach wundervoll. So viel Schönheit
habe ich noch nie gesehen. Und so gut wie dort
oben habe ich mich schon lange nicht mehr ge-

fühlt. Und weißt du was? Ich habe dich von dort oben gesehen«, sagte ich voller Begeisterung, woraufhin er mich erstaunt anschaute.

»Es tut mir leid, wenn ich dich jetzt enttäuschen muss, aber das kann nicht sein. Ich war auch auf dem Hügel«, entgegnete er mir kühn, und ich verdrehte irritiert die Augen.

»Du warst auch dort oben?«

»Ja, das war ich. Hörst du jetzt etwa schlecht?«

»Dann hätten wir uns doch über den Weg laufen müssen. Wie kann das sein? Außerdem bist du noch viel zu klein für einen so beschwerlichen Aufstieg.«

»Wenn du meinst«, reagierte er in seiner typischen, gelassenen Art und Weise.

»Ähm, bitte entschuldige, aber wenn du nicht bei der Hütte warst, sondern auch da oben, wer war dann hier?«, murmelte ich in seine Richtung, während ich mich auf der Terrasse ein weiteres Mal umschaute. Der Kleine hatte ja kurz vorher bereits die merkwürdige Andeutung gemacht, dass ich jemanden nicht verpassen dürfe. Ich würde diesen jemand schon noch früh genug sehen. War das die Person, die ich bei der Hütte gesehen hatte?

»Toll, dass es dir dort oben gefallen hat. Setzen wir uns doch für einen Moment. Von hier haben wir einen ähnlich schönen Blick und können den Sonnenuntergang genießen«, sagte er unbeeindruckt von meiner Verwunderung und deutete auf die zwei Schaukelstühle, die nur darauf warteten, benutzt zu werden.

Schweigend machten wir es uns gemütlich. Die Sonne zeigte sich inzwischen in orangenem Gewand und brachte den See zum Glitzern. Etwas Besinnliches lag in der Luft. Ich ließ alle Ungereimtheiten los und spürte: Ich war Teil der hereinbrechenden Abendstunden. Auf einmal leuchtete der Kronleuchter über uns auf und bildete eine funkelnde Sternenlandschaft an der Terrassendecke ab. Zufrieden schaute ich nach oben und freute mich über jedes einzelne Lichtlein.

17

Erzähl mir bitte etwas Positives über deine Mutter«, hörte ich den Jungen auf einmal sagen und spürte, wie mir mit einem Schlag flau im Magen wurde.

»Ich weiß wirklich nicht, ob ich das kann. Ich möchte diesen schönen Moment nicht kaputtmachen.«

»Los! Nun mach schon! Du kannst das sehr wohl. Schönheit verschwindet nicht durch einzelne Worte. Also trau dich einfach«, entgegnete er mir. Ich merkte, dass sich die Lichter des Kronleuchters in seinen Augen spiegelten und dass ich wohl nicht darum herumkommen würde, seiner Aufforderung zu folgen. Ich versuchte also, meine Bedenken und Sorgen abzuschütteln, konzentrierte mich und nahm mir seit Langem mal wieder die Zeit, etwas Positives entstehen zu lassen.

»Meine Großmutter erzählte mir vor einigen Jahren, dass meine Familie nicht immer in der Stadt gelebt und früher ein großes Stück Land in einer Tausend-Seelen-Gemeinde besessen hat. Meine Mutter wuchs dort auf und verbrachte mehr als die Hälfte ihres Lebens auf dem Grundstück, das zu einem riesigen Bauernhof gehörte. Den Erzählungen meiner Großmutter zufolge war die Zeit damals noch friedvoll und schön. Meine Großeltern arbeiteten als Landwirte und bewirtschafteten große Gemüsefelder und prächtige Obstplantagen, die bereits ihre Eltern angelegt hatten. Selbstverständlich schafften es deshalb immer frische und natürliche Produkte auf den Tisch meiner Familie und natürlich besaßen wir auch einen Zitronenbaum«, zwinkerte ich dem Kleinen zu, was ihn dazu veranlasste, seine Kappe für einen kurzen Moment abzusetzen und mich freudestrahlend anzublicken. Breit grinsend strich er sich seine goldblonden Haare, die in alle Richtungen fielen, aus dem Gesicht. In diesem Moment wurde mir einmal mehr bewusst, wie klein und unschuldig er war und dass er sein gesamtes Leben noch vor sich hatte. Welchen Weg würde er wohl einmal einschlagen und wo würde er leben? Würde es dort Menschen geben, die ihn liebten und sich um ihn sorgten? Oder wäre er auf sich allein gestellt und müsste mit allem selbst fertig werden? Ich schob diese Gedanken beiseite, nahm meinen ganzen Mut zusammen und fuhr fort:

»Meine Großmutter sprach oft davon, dass meine Mutter als kleines Kind besonders gern die Katzen auf dem Hof umsorgte. Es gab dort wohl sehr viele und in den verschiedensten Farben. Sobald meine Mutter mit einer großen Schüssel Milch oder anderem Futter in einer der Scheunen auftauchte, kamen sie aus allen Ecken gerannt und versammelten sich schnurrend um sie. Für jede einzelne Katze nahm sie sich dann Zeit, und allein durch die Anwesenheit dieser kleinen Geschöpfe fühlte sie sich glücklich und zufrieden. Aber auch die vielen Kühe, Schweine, Enten, Hühner und Schafe hatten einen Weg in das Herz meiner Mutter gefunden, und sie war stets damit beschäftigt, von Stall zu Stall zu laufen, um zu schauen, dass es auch jedem Tier gut ging. Ihre Tierliebe war ansteckend, und auch in ihrem späteren Leben widmete sie einen Großteil ihrer Zeit und Energie der Tierpflege«, sagte ich in einem ruhigen Ton, und es fühlte sich fast so an, als wäre ich meiner Mutter erst wenige Stunden zuvor zum letzten Mal begegnet.

»Fantastisch! Mach bitte genau so weiter!«, spornte mich der Kleine zum Weiterreden an.

»Meine Großmutter sprach auch häufig davon, dass meine Mutter in jeder freien Minute in der Natur unterwegs war. Sie war wohl unglaublich einfallsreich und experimentierfreudig. Der Wald war für sie ein starker Verbündeter, um ihrer kreativen Ader und ihrem handwerklichen Geschick Ausdruck zu verleihen. Riesige Blumenkränze schmückten zu jener Zeit den Hof meiner Familie, und es waren immer frische Gräser und Kräuter im Haus, deren bezaubernder Duft durch alle Räume strömte. Außerdem besaß Mutter ein feines Gespür und interessierte sich leidenschaftlich für Naturheilkunde. Sie sammelte vielerlei Pflanzenarten und experimentierte ständig herum. Oftmals schwärmte sie vor meinen Großeltern davon, dass sie eines Tages Medizin studieren werde, sich aber noch darüber klar werden müsse, ob sie eher in Richtung Humanmedizin oder Tiermedizin gehen werde. Innerhalb der Dorfgemeinschaft war sie wegen ihres angenehmen Wesens sehr beliebt und immer ein willkommener Gast. Es wurde wohl nie langweilig mit ihr, und sie lachte sehr viel und hatte immer etwas zu erzählen«, sprach ich mit einer Mischung aus Bewunderung und Wehmut in der Stimme, während mir der Junge weiter aufmerksam zuhörte.

Die Sonne neigte sich mittlerweile zum Horizont und der Mond stand bereits am Himmel. Auf einmal fühlte ich mich niedergeschlagen und stieß einen tiefen Seufzer aus. Der Kleine nickte mir verständnisvoll zu und beugte sich zu mir herüber. Er griff nach meiner Hand, und es schien fast so, als wollte er mir zeigen, dass es in Ordnung war, traurig zu sein, und wir den kommenden Moment gemeinsam überstehen würden. Mit schwacher Stimme sprach ich weiter:

»Nach einem schweren Arbeitsunfall meines Großvaters änderte sich die Situation meiner Familie von Grund auf. Fortan saß er im Rollstuhl und war hochgradig pflegebedürftig, was dazu führte, dass meine Familie ihr ländliches Leben beim besten Willen nicht mehr bewältigen konnte. Also beschlossen meine Großeltern, mit ihrer Tochter in die Stadt zu ziehen, um noch einmal ganz von vorn anzufangen. Meine Mutter war damals noch nicht mit der Schule fertig. Außerdem musste sie viele ihrer Freunde verlassen und sich in der neuen Umgebung allein zurechtfinden. Die meiste Zeit kümmerte sie sich um ihren Vater, dessen Verbitterung die Familie von Tag zu Tag mehr belastete. Äußerlich versuchte sie stark zu bleiben und irgendwie zurechtzukommen, wobei ihr wohl auch anzumerken war, dass sie innerlich litt. So vergingen die Jahre, bis mein Großvater starb und sie meinen Vater kennenlernte. Eigentlich standen ihr alle Türen offen, doch leider beherrschte fortan der Löwe der Dunkelheit immer mehr ihr Leben, und wie die Geschichte dann endete, das wissen wir ja beide.«

In den Augen des Kleinen lag freundliche Anteilnahme. Er hatte ja einen ähnlich schweren Verlust erlitten wie ich und konnte somit meinen Kummer verstehen. Ich war damit nicht allein, das tat mir gut. Erstaunlicherweise fiel es mir gar nicht mehr so schwer, über die Vergangenheit zu sprechen. Der Schmerz war zwar noch da, dennoch fühlten sich die Erinnerungen daran viel leichter an.

»Ja, wir wissen beide, wie die Geschichte endete, aber ein Ende bietet auch immer die Chance für einen Anfang«, erwiderte er nachdenklich. Wir schauten im Mondschein eine Weile still in die Ferne, als der Kleine plötzlich seinen Oberkörper im Stuhl aufrichtete und anfing, fröhlich zu schaukeln.

»Ich finde es erstaunlich, was du über deine Mutter erzählst. Anscheinend war sie einmal eine sehr lebendige und liebenswürdige Zeitgenossin«, schlussfolgerte er und sein Lächeln freute mich. »Ein Teil von ihr war offenbar sehr naturverbunden, tierlieb, kreativ, kontaktfreudig und sie ging leidenschaftlich und mit Hingabe ihren Interessen nach. Bitte korrigiere mich, wenn ich mich täusche, aber das habe ich doch richtig zusammengefasst, oder?«

Eine tiefe Erleichterung machte sich in mir breit. Mir wurde ein für alle Mal klar, dass Edgar und der kleine Junge richtiglagen und es sich lohnte, positiv zu denken.

»Ja, das hast du sehr treffend zusammengefasst«, stimmte ich zu. »Du kannst dir gar nicht vorstellen, wie froh ich über diese Erinnerungen bin. Ich bin dir so unglaublich dankbar, dass du mir dabei hilfst, positiver mit mir und meiner Vergangenheit umzugehen. Ich hätte es niemals für möglich gehalten, dass das auch tatsächlich funktioniert. Auf einmal kann ich mehr als nur drei missratene Zitronenbäume sehen. Ich weiß nicht, wie du es anstellst, aber es fühlt sich sehr angenehm an, mit dir zu sprechen und das Schöne und Leichte wieder in mein Leben einzulassen. Es scheint fast so, als würde ich mit jeder Sekunde, die ich mit dir verbringen darf, *zufriedener, gelassener* und *glücklicher.*«

Der Kleine strahlte bis über beide Ohren und grinste mich zufrieden an. »Das hört sich klasse an. Positives Denken setzt sich in unseren Köpfen fest. Ich denke, dass du jetzt für den nächsten Schritt bereit bist.«

»Okay, immer wenn du so geheimnisvoll anfängst, spüre ich ein neugieriges Kribbeln in meinem Bauch«, reagierte ich voller Aufregung, während er so kräftig schaukelte, dass ich schon befürchtete, er könnte jede Sekunde aus seinem Stuhl fallen.

»Was denkst du eigentlich darüber, dass wir uns ausgerechnet hier befinden?«, fragte er mich plötzlich.

»Ich verstehe nicht ganz? Meinst du hier im Zirkus oder hier auf der Terrasse?«

»Beides natürlich«, entgegnete er, und ich überlegte, worauf er eigentlich hinauswollte.

»Du weißt doch, dass der alte Arzt mir das alles empfahl. Er meinte, dass ich den *Zirkus des Lebens* mal besuchen sollte, um zu schauen, ob man mir hier vielleicht weiterhelfen kann. Oder was meinst du?«

Er stoppte seine Schaukelbewegung abrupt und sah gebannt zu mir.

»Hast du dir mal die Frage gestellt, warum die beiden Räume genau so aussehen, wie sie aussehen? Warum befinden wir uns eigentlich mitten in

der Natur und warum gibt es hier so viel Schönheit zu entdecken?«, fragte er mit einem ver-
schmitzten Lächeln. Noch während ich nach einer
logischen Antwort auf seine Frage suchte, ahnte
ich schon, dass ich damit auf dem Holzweg war.

»Ich weiß nicht, warum die Räume so gestaltet
sind. Ich bin doch hier nur als Besucher unterwegs.
Aber jetzt, wo du mich darauf hinweist, fällt mir
auf, dass beide Räume eine überwältigende Wirkung auf mich hatten.«

»Sehr schön und was noch?«

»Mmmh …«, überlegte ich konzentriert, »beide
Räume unterscheiden sich zwar in ihren Details,
aber in ihrer Gesamtheit sind sie wirklich bild-
schön. Ähnlich wie ein bezauberndes Gemälde
könnte ich sie stundenlang betrachten. Außerdem
fühle ich mich hier wie schon am Strand wahnsinnig wohl und weniger gestresst. Ich weiß zwar
nicht genau, warum das so ist, aber die Räume
haben auf mich einen ganz besonderen Effekt.«

»Wunderbar, so habe ich mir das vorgestellt.
Ich freue mich, dass es dir hier draußen in der Natur so sehr gefällt. An dieser Stelle möchte ich dir
ein weiteres Geheimnis verraten: Mit der Natur
verhält es sich ähnlich wie mit der Gesundheit.
Auch die Natur ist überaus vielfältig und komplex,
weshalb ihre Wirkmechanismen niemals vollständig erklärt werden können. Der Mensch schafft es
zwar, gewisse Zusammenhänge herzustellen und
zu formulieren, aber in vielen Bereichen wird er

unwissend bleiben. Die Natur wird sich niemals vollständig unterordnen. Und darüber hinaus wird sie stets ihr eigenes harmonisches Gleichgewicht anstreben. Auch wenn so manches aus unserer Sicht schief und krumm wächst, so versteckt sich dahinter doch eine gewisse Notwendigkeit und Schönheit. Wir Menschen dürfen ihr inneres Gleichgewicht nicht durcheinanderbringen, wenn die Schönheit der Natur wirklich zum Ausdruck kommen soll. Ähnlich verhält es sich mit uns Menschen. Auch unser inneres Gleichgewicht darf nicht gestört werden, wenn wir zu unserer wahren Schönheit zurückfinden wollen.«

Während er das sagte, spürte ich, dass er voller Vorfreude war, und ich wunderte mich einmal mehr über den rätselhaften Verlauf unseres Gesprächs.

»Ich verstehe dich nicht. Du sprichst von Schönheit, dann wieder von Gesundheit und Gleichgewicht, und bei alledem soll es um mich gehen? Was möchtest du mir eigentlich mitteilen?«, fragte ich vorsichtig.

»Wenn ich mich hier im Raum weiter umschaue, dann muss ich schon sagen, dass du auf einem guten Weg bist. Ich bin sehr gespannt, wie du den dritten Raum finden wirst. Vorher möchte ich dir aber ein weiteres Geheimnis des *Zirkus des Lebens* anvertrauen, bevor du noch Purzelbäume schlägst.«

»In Ordnung, dann mal los.«

»Gut, mein Lieber, dann halt dich fest! Nicht, dass du gleich aus deinem Stuhl kippst«, fing er an, und ich konnte meine Aufregung bis in den kleinsten Winkel meines Körpers spüren.

»Alles, was du in den Räumen vorfinden konntest, all das Schöne, all das Bezaubernde, all das Natürliche, all das bist auch du. Der Raum, indem wir uns gerade befinden, ist ein innerer Raum in dir selber. Du hast ihn erschaffen.«

»Du willst mich wohl auf den Arm nehmen? Ich finde das überhaupt nicht witzig«, blaffte ich ihn an, denn das, was ich da hörte, übertraf alles an Absurdität, womit ich jemals konfrontiert worden war.

»Nein, im Ernst, wir befinden uns gerade in einem inneren Raum deiner Seele. Und überall kannst du etwas von dir und deinem Inneren entdecken. Die faszinierende und erhabene Landschaft, die Harmonie und Kreativität überall, die Ruhe und Kraft hinter alledem, all das symbolisiert auf eine ganz besondere Art und Weise dein wahres Selbst. Der Raum beziehungsweise der Zirkus und auch schon das Ärztehaus, all das ist ein wesentlicher Teil von dir und alles, was du bisher wahrnehmen konntest, ist das Ergebnis deiner Vorstellungskraft.«

Kaum hatte der kleine Junge diese Worte ausgesprochen, sprang ich blitzartig aus meinem Schaukelstuhl und eilte zum Geländer. Mit beiden Händen hielt ich mich daran fest und schaute fragend in die Dunkelheit hinaus, die sich immer weiter ausbreitete.

»Ich hatte gleich gewusst, dass ich mir das alles nur einbilde«, reagierte ich enttäuscht und senkte geknickt den Kopf. Der Kleine blieb ganz ruhig.

»Na ja, nur weil das, was du hier sehen kannst, in der Wirklichkeit noch nicht vorhanden ist, muss das nicht unbedingt bedeuten, dass es nicht existiert. *Die Wirklichkeit ist nur ein Teil des Möglichen*[22].«

»Bedeutet das, dass du auch nicht echt bist?«, wollte ich auf einmal von ihm wissen, und es wirkte fast so, als hätte er diese Frage erwartet. Er holte tief Luft und sprach besonnen weiter.

»Ich bin echt, auch wenn dein Verstand da vielleicht noch etwas anderer Meinung ist. Genauer gesagt bin ich sogar so echt, wie du es dir zutraust.«

»Wie bitte?«, reagierte ich weiterhin sehr irritiert.

»Wenn ich deinen Entwicklungsverlauf und all die vielen schönen Augenblicke und Erkenntnisse, die du bisher sammeln konntest, einmal zusammennehme, dann muss ich schon sagen, dass du dir einiges zutraust und in dir erstaunlich viel Leben zu finden ist, auch wenn du das selber gar nicht glauben magst.«

---

[22] Friedrich Dürrenmatt.

»Träume ich? Bin ich tot?«, wollte ich als Nächstes wissen, woraufhin er zu mir ans Geländer kam. Zuerst sagte er keinen einzigen Ton und schaute lediglich in Richtung See. Ich versuchte, ihm Zeit für eine Antwort einzuräumen, während er sich einmal mehr an der Schönheit der Natur zu erfreuen schien. Das wunderte mich, da um uns nur noch Dunkelheit herrschte. Überraschenderweise wurde ich nicht ungeduldig, bis er endlich antwortete.

»Du bist weder tot, noch liegst du in deinem Bett und träumst. Du befindest dich in einem Zustand irgendwo dazwischen. Heute Morgen warst du noch gefangen in einem Amphitheater und umgeben von inneren Mauern, hinter denen die Frage auf die Antwort drängte, wer du denn eigentlich bist. Mittlerweile kannst du viele Antworten darauf um dich herum sehen und stehst kurz davor – so wie du es als Kind bereits getan hast –, wieder an sie zu glauben. Die Gestalt der Räume und die Lebendigkeit in ihnen, all das ist dein wahres Selbst und all das bist du in Form deiner Herzensziele. Du musst sie nur weiter zulassen. Dann wird mit Hilfe deiner neu entwickelten Entschlossenheit dein Leben schon bald wieder in geordneten Bahnen verlaufen. Aktuell befindest du dich noch bewusstlos auf der Garagenauffahrt zu deiner Wohnung. Du fielst in Ohnmacht, als du gerade zu deinem Auto gehen wolltest, um zu einem Arzt zu fahren. Kurz darauf warst du dann auf wundersame Weise auch schon bei einem Arzt, der offenkundig keiner der üblichen Sorte war.«

In diesem Moment interessierte ich mich überhaupt nicht für den Arzt, denn ich hatte große Mühe, das alles zu verarbeiten. Ich war also nicht tot, genauso wenig träumte ich. Anscheinend lag ich regungslos vor meiner Wohnungstür und alles, was geschehen war, sollte sich ausschließlich in meinem Inneren abgespielt haben.

»Vielleicht macht sich der Kleine aber auch nur einen riesigen Spaß«, haderte ich plötzlich, während mir die vielen seltsamen Ereignisse des Tages wie kurze Filmsequenzen durch den Kopf schossen. Ich ging noch einmal jede einzelne Station durch und schaute, ob ich nichts übersehen hatte. Zuerst dachte ich an den verrückten Traum in dem Amphitheater, dann an die merkwürdige Autofahrt und das erste Aufeinandertreffen mit dem kleinen Jungen und Edgar. Dann waren da noch der sonderbare Aufenthalt in dem ungewöhnlich eingerichteten Ärztehaus, das Gespräch mit dem Internisten, die Situation mit dem Elefanten, die sonderbare Diagnose und zu guter Letzt all die Momente in diesem verrückten Zirkus. Während ich mich auf all das noch einmal konzentrierte, musste ich mir eingestehen, dass der bisherige Tag tatsächlich zu viele Kuriositäten bereitgehalten hatte, als dass es sich dabei um einen bloßen Scherz handeln konnte. Das wiederum war nun wirklich sehr schwer zu verstehen, und ich überlegte für einen kurzen Augenblick, ob es überhaupt noch Sinn machte, sich weiterhin zu bemühen, wenn doch ohnehin nichts von allem real war und ich eigentlich noch bewusstlos vor meiner Wohnung lag …

In der Zwischenzeit war es vollkommen dunkel in dem Raum geworden. Lediglich der Mond und die Sterne waren am Firmament zu sehen und hin und wieder blitzte eine Sternschnuppe auf.

»Wenn du so weitermachst wie bisher, dann bist du auf dem besten Weg, wieder vollständig in dein Leben zurückzukehren und es positiv gestalten zu können, ganz ohne Selbstabwertung, Hoffnungslosigkeit, negative Gedanken – und auch ohne Ersatzbefriedigungen wie Tabletten oder andere Mittelchen, um deinen Schmerz auszuschalten. Bis dahin musst du dich aber noch ein klein wenig gedulden«, hörte ich ihn erneut mit viel Gelassenheit sagen. Zugleich konnte ich die Schönheit des Raumes weiterhin wahrnehmen.

»Es ist so echt, wie ich es mir zutraue«, sprach ich darauf vor mich hin. Als ich meinen Blick wieder auf meinen kleinen Gesprächspartner richten wollte, war er erneut verschwunden.

18.

Plötzlich begannen einige Lämpchen des Kronleuchters zu flackern, und ich sah, wie der Kleine mit offenen Armen auf mich zu rannte. Er drückte sich fest an meinen Bauch und umarmte mich innig. Zunächst war ich etwas irritiert von der Situation, doch irgendetwas an seinem Verhalten machte mir deutlich, dass er gerade dabei war, mir Lebewohl zu sagen. Mittlerweile war er mir so sehr ans Herz gewachsen, dass ich ihn eigentlich nicht gehen lassen wollte. Ich war mir sicher, dass ich ihn niemals mehr vergessen und er auch weiterhin eine wichtige Rolle in meinem Leben spielen würde. Also schloss ich ihn genauso fest in die Arme und genoss ein letztes Mal seine Anwesenheit im *Zirkus des Lebens*.

»Ich freue mich sehr, wieder ein Teil von dir zu sein«, erklangen seine letzten Worte, bevor er sich von mir abwandte und kurz darauf in der offenen Tür verschwand. Für ein paar Minuten stand ich noch seelenruhig auf der Terrasse – eigenartigerweise genoss ich die Einsamkeit – und kehrte dann wieder auf den Zirkusplatz zurück.

Dort herrschte nach wie vor helllichter Tag. Der Himmel war so blau wie der Ozean und die Sonne

zeigte sich in einem umwerfenden Sommerge-
wand. Der Baum hatte sich komplett verändert.
Seine triste Ausstrahlung war weg. An seinen vielen Ästen hingen abertausend grüne Blätter und
seine Krone war aufgebauscht wie das Federkleid
eines Pfaus. Auch alles andere hier hatte sich vollständig verändert. Den bis dahin staubigen Boden
bedeckte nun ein grüner Rasenteppich, aus dem
unzählige Blumen und Bäumchen in die Höhe
strebten und ein Meer aus kunterbunten Farben
erzeugten. Allseits wuchsen prächtige Orchideen,
Tulpen, Rosen, Lilien und vielerlei andere Pflanzenarten, von denen ich einige bereits im Wartezimmer des Ärztehauses gesehen hatte. An den
Bäumen hingen eine Unmenge Zitronen und
Orangen und an zahlreichen Sträuchern prangten
Beeren, die nur darauf warteten, gepflückt zu
werden. Ein herrlicher Duft lag in der Luft und
vereinte sich mit dem fröhlichen Gesang der Vögel
und dem Summen der Insekten zu einer paradiesi-
schen Atmosphäre. Gelegentlich huschte einer der
gelben Schmetterlinge zwischen den Pflanzen hervor und versetzte das gewaltige Farbenmeer in
entzückende Bewegungen. Die rostige Bank war
von weichem Moos überzogen und an den Türen
und Wänden kletterten Rosen in allen Farben,
grüner Efeu und wilder Wein empor. Von dem
kalten Stein der Zirkusmauern war überhaupt
nichts mehr zu sehen. Alles hatte seinen ganz besonderen Charme und jedes Detail unterschied

sich von dem anderen. Es herrschte das reinste Durcheinander. Nichts war identisch, und doch verbreitete alles zusammengenommen einen ganz besonderen Zauber. Der Zirkusplatz hatte sich in das blühende Leben verwandelt, und ich erfreute mich ungemein am Anblick dieses kleinen Paradieses.

Ich erinnerte mich wieder, was der Kleine mir zuletzt über den Zirkus mitgeteilt hatte, und versuchte, die tiefere Botschaft dahinter zu verstehen. Irgendwie schienen sich die vielen Ereignisse der vergangenen Stunden zu einem ganz bestimmten Bild zusammenzufügen.

»Komm her!«, hörte ich auf einmal eine vertraute Stimme rufen, aber es war nicht die des kleinen Jungen. Leider konnte ich nicht erkennen, woher die Stimme kam. Ich ging erst einmal ein paar vorsichtige Schritte auf den Baum zu und schaute mich weiter um. Zwischen einigen Zitronenbäumen entdeckte ich die zappelnde Bewegung einer Gestalt, die in die Höhe sprang und sofort wieder im Gebüsch verschwand.

»Hey, bleib stehen!«, rief ich aufgeregt und lief der Gestalt hinterher. Wegen der vielen Pflanzen setzte ich meine Schritte sehr bedacht, denn ich wollte auf keinen Fall etwas beschädigen. In unmittelbarer Nähe der Bank packte mich etwas am Arm, und ich zuckte erschrocken zusammen. Einen Moment befürchtete ich ein wildes Tier oder etwas anderes Gefährliches. Doch zu meiner Überraschung stand der alte Arzt neben mir und grinste mich breit an. Ihn hätte ich hier nie erwartet. Er sah genauso aus wie in dem Ärztehaus. Er zupfte sein Gewand zurecht, ließ sich auf der Bank nieder, und ich setzte mich zu ihm. Der Blick ins Zirkusinnere war atemberaubend.

»Wie ich sehe, hast du das alles erschaffen«, begann der Alte, und ich versuchte, mir nichts von meiner Verwunderung anmerken zu lassen. »Da bin ich aber froh, dass ich dich heute Morgen nicht mitgenommen habe und du die Gelegenheit nutzen konntest, um wieder in die richtige Spur zu kommen.«

»Ach Doc, du hörst dich fast genauso an wie der kleine Junge. Weißt du eigentlich, dass ich in diesem Moment bewusstlos vor meiner Wohnungstür liege?«, zwinkerte ich ihm zu. »Ich habe mich anscheinend in mich selbst zurückgezogen, mit dem Ergebnis, dass ich mir den Kleinen und alles andere offenbar nur einbilde.«

Der alte Arzt stieß einen tiefen Seufzer aus und sah mich bitterernst an, so ernst, wie ich es vorher noch nie bei jemandem erlebt hatte. Etwas an ihm machte mir Angst.

Ich kannte dieses beklemmende Gefühl von unserer ersten Begegnung. Anfangs hatte er mich an den Friedhofswärter erinnert. In diesem Moment schien sich jener Verdacht zu bestätigen. Hatte er vielleicht doch mehr mit dem Tod meiner Mutter zu tun gehabt, als mir lieb war? Da sprach er weiter.

»Der kleine Junge ist ein wesentlicher Teil von dir, genauso, wie auch ich es bin. Glücklicherweise habt ihr beide fantastische Arbeit geleistet. Vermutlich bist du nun bereit, auch mich endlich loszulassen.«

»Dich loslassen? Wie meinst du das?«, reagierte ich verunsichert.

»Wie du richtig erkannt hast, bin ich schon mal kein Arzt im üblichen Sinn. Dennoch kann auch ich heilen, ja sogar mehr als das«, erwiderte er in einem so beunruhigenden Tonfall, dass mir ein kalter Schauer über den Rücken lief und ich mit der gesamten Situation haderte. Als hätte sich eine dunkle Wolke vor die Sonne geschoben, wurde es ganz düster im Zirkus. Ein tiefschwarzer Schatten breitete sich am Himmel aus. Unwillkürlich musste ich an meinen Traum und das damit zusammenhängende Unwetter denken, das in dem Amphitheater wütete, kurz nachdem meine Mutter aus einer der Stahltüren getreten war. Jene Situation ähnelte der in dem Zirkus, doch konnte ich nach alledem, was ich bis dahin gehört hatte und was bis dahin geschehen war, nicht einschätzen, ob ich in ernsthafter Gefahr war.

»Bist du mein Schmerz?«, wollte ich wissen.

»Nein, aber ich kann viele Schmerzen und Kummer erzeugen, wenn man mich nur aus einem Blickwinkel betrachtet.«

Ich konnte mir nur schwer vorstellen, wie jemand, der so alt und gebrechlich wirkte wie er, einem anderen auch nur den Hauch eines Schmerzes hätte zufügen können.

»Was bedeutet das?«, fragte ich.

»Ich kann jemand sein, der vielen Menschen sehr zerstörerisch und beängstigend vorkommt. Das aber auch nur, weil sie ein sehr einseitiges Bild von mir haben. Mittlerweile trage ich sehr viele Gesichter auf der ganzen Welt und man hat mir im Laufe der Menschheitsgeschichte schon unzählige Namen gegeben. Bedauerlicherweise berichten all diese Gesichter und Namen in ihrem Kern überwiegend von Schmerz und Zerstörung.«

Sein besorgniserregender Blick schüchterte mich so sehr ein, dass ich erst einmal kein Wort mehr herausbrachte.

»Oftmals machen mich die Menschen in ihrer Vorstellung zu einem Sensenmann oder einem bösartigen, in einen dunklen Mantel gehülltes Skelett. Beides finde ich durchaus beängstigend. Auch als apokalyptischen Reiter haben sie mich auftreten lassen oder als Todesengel. Einfach gruselig, aber darum soll es wohl auch gehen.«

Er machte eine Pause, und ich schaute mich hektisch im Zirkus nach dem kleinen Jungen um, dessen Unterstützung ich jetzt gut brauchen konnte. Ein Sturm erhob sich und rauschte so durch den Zirkus, dass alle Pflanzen und Sträucher sich zur Seite bogen. Während es blitzte und donnerte, sprang ich auf und suchte unter dem riesigen Baum Schutz.

»Bist du der Tod?«, schrie ich von dort, als mir auch schon die Stimme stockte und es im Zirkus immer ungemütlicher wurde.

»Ja, das bin ich«, antwortete er. Der Sturm fuhr ihm ins schüttere Haar, aber er saß seelenruhig auf der Bank und schaute mich einfach nur an. Seine Gelassenheit begann auf mich abzufärben. Mir fielen die Worte des Jungen wieder ein. Eigentlich konnte mir nichts Schlimmes passieren, da ich mich in einem Raum meiner Seele befand. Also war ich der Architekt des Unwetters und des aufkommenden Durcheinanders. Wenn das wirklich stimmte, dann konnte ich auch darüber entscheiden, wie das alles ausgehen sollte. Ich nahm meinen ganzen Mut zusammen und versuchte, mit dem Alten im Gespräch zu bleiben. Ich musste unbedingt erfahren, warum er – wenn er wirklich der Tod war – ausgerechnet auftauchte, als es mir wieder besser ging.

Plötzlich löste sich der schwarze Schatten über dem Zirkus auf und die Sonne blickte freudestrahlend zu mir herunter. Der Sturm war verstummt, und ich konnte den Zirkusplatz wieder in all seiner Schönheit wahrnehmen.

»Falls du wirklich der Tod bist und du das Ende von allem darstellst, wie kann es dann sein, dass der Zirkus auf einmal mit so viel Schönheit und Lebendigkeit gefüllt ist?«, fragte ich den Alten mit einem leichten Zittern in der Stimme. »Das verstehe ich nicht ganz. Müsste es in deiner Anwesenheit nicht finster und grauenhaft sein?«

»Und überall leiden Menschen in der Hölle durch meine Flammen und werden von meiner Last erdrückt?«

»Ja, warum sehe ich hier überall nur vollkommene Schönheit?«, reagierte ich irritiert, woraufhin er schmunzeln musste.

»Ich kann dein Unverständnis sehr gut nachvollziehen. Allerdings ist dein Bild von mir sehr lückenhaft. Viele Menschen betrachten mich als das Ende von allem und haben große Angst vor mir. Sie machen mich für jegliches Unheil auf der Welt verantwortlich, und die ganz Verbissenen leugnen mich mit aller Entschlossenheit. Sie gestalten ihr Leben tatsächlich so, als würde es mich nicht geben. Sie halten sich allen Ernstes für unsterblich und meinen, ihr tägliches Handeln bleibe ohne Konsequenzen. Sie verhalten sich ausbeuterisch sich selber und dem Leben gegenüber und sind davon überzeugt, sie könnten immer und ewig so weitermachen. Einige unter ihnen spüren zwar die Lüge darin, ändern aber nichts an ihrer Situation. Versteh mich bitte nicht falsch. Ich nehme ihnen ihr Verhalten und ihre Unwissenheit nicht übel. Jeder gestaltet seine Tage, wie er kann, und für alles gibt es Gründe und Erklärungen, aber ein gutes Leben stelle ich mir anders vor. Glücklicherweise gibt es auch Menschen, die mich als ein weiteres Tor betrachten, das sie am Ende des Lebens durchschreiten können und vor dem sie keine Angst zu haben brauchen.«

Während er mit mir sprach, strich er sich mit seinen Händen immer wieder durch seinen langen weißen Bart und blieb ansonsten reglos sitzen. Mit einem Mal wirkte er beruhigend auf mich, und obwohl er wohl wirklich der Tod war, ging etwas sonderbar Angenehmes von ihm aus.

»Ich kann nicht glauben, dass ich gerade mit dem Tod spreche«, warf ich ein, ehe er gelassen fortfuhr.

»Einige Menschen betrachten mich als einen wesentlichen Teil ihres Lebens. So wie die Geburt zum Leben dazugehört, genauso gehöre auch ich dazu. Diesen Menschen bin ich sehr dankbar. Sie akzeptieren mich ohne Einschränkungen und wissen, dass ich ein Teil des großen Ganzen bin. So erhalten ihre Tage einen tieferen Sinn, und die Leute gehen mit mehr Wertschätzung und Achtsamkeit an ihre Vorhaben. Es gelingt ihnen tatsächlich, etwas Positives in mir zu erkennen.«

»Wirklich?«, fragte ich verblüfft.

»Ja, wirklich!«

»Mmmh …«, seufzte ich schwerfällig.

»Ich glaube sogar, dass du einer dieser Menschen bist und dass auch du etwas Positives in mir sehen kannst.«

»Wie kannst du das behaupten, nach allem, was du bereits angerichtet hast? Wie soll ich aus dir etwas Positives ziehen können? Das musst du mir schon etwas genauer erklären«, reagierte ich leicht aufbrausend.

»Das will ich gerne versuchen, auch wenn das gar nicht so einfach ist. Heute Morgen, als ich mich noch hinter der Identität eines Arztes verbarg, warst du mit ziemlich düsteren Gedanken zu mir gekommen. Du warst physisch wie auch psychisch ganz schön am Boden, und ich musste erst einmal überprüfen, wie es mit dir weitergehen soll. Es fehlte wirklich nicht viel – und ich hätte dich mitgenommen. Erfreulicherweise konntest du aber alles Erforderliche aufbringen, um in ein neues Abenteuer aufzubrechen. Ich bin sehr froh, dass das so wunderbar geklappt hat und du deine Zeit im *Zirkus des Lebens* sinnvoll nutzen konntest. Ich kann es förmlich überall sehen. Schau dich doch nur mal um. All die schönen und wundervollen Dinge, die sich um uns herum befinden, machen deutlich, dass sich auch etwas Positives entwickeln kann, obwohl ich anwesend bin. Ich sehe hier überhaupt nichts von den Schrecken, die ich angeblich erzeuge.«

Ich ließ meinen Blick noch einmal über den Zirkusplatz und die umstehenden Gebäude wandern. Unabhängig davon, dass mir die gesamte Situation alles abverlangte, was ich an Verständnis und Fantasie aufbringen konnte, musste ich mir doch eingestehen, dass seine Worte irgendwie Sinn ergaben.

Im Vergleich zu den vergangenen Wochen ging es mir wirklich besser und um mich herum sah ich tatsächlich sehr viel Schönheit, und das obwohl der Tod schon immer ein Thema für mich gewesen war. Das war total verrückt. Einmal mehr geriet ein tief verwurzelter Glaubenssatz in mir ins Wanken und etwas Neues trat hinzu.

»Auch wenn es noch etwas eigenartig klingt, aber durch deinen veränderten Blick auf das Leben unterscheidest du dich sehr deutlich von deiner Mutter. Sie hatte leider nicht die Stärke, hinter allem die Schönheit erkennen zu können. Manchmal verdecken die Wolken den Himmel so sehr, dass man nie wieder die Chance erhält, die Sterne darüber zu sehen. Eines musst du mir aber glauben: Sie hat es sich mit ihrer Entscheidung, freiwillig aus dem Leben zu treten, nicht leicht gemacht, und du kannst nichts dafür. Erfreulicherweise geht es deiner Mutter dort, wo sie nun verweilt, sehr viel besser, und sie ist frei. Und auch wenn es schwer zu begreifen ist und noch sehr wehtut: Deine Heilung reicht bis zu ihrer schwerwiegenden Entscheidung zurück.«

»Wie bitte?«, reagierte ich aufgewühlt.

»So bedauerlich es auch ist, deine Mutter sah keinen anderen Ausweg mehr für sich. Dass ich zu ihr kommen musste, war unumgänglich. Doch so merkwürdig es auch klingt: Durch ihr schweres Schicksal wurde deine Chance herauszufinden, wer du wirklich bist und wie du dein Leben gestalten möchtest, um ein Vielfaches vergrößert.«

»Wow …«, sagte ich mit einem Gefühl der Zerrissenheit in der Brust, was er mit einem verständnisvollen Blick zur Kenntnis nahm.

»Du hast es fast geschafft! All der Schmerz, all die Erkenntnisse und all die vielen verschiedenen Symbole weisen eindeutig darauf hin, dass du nun kurz davorstehst, wieder zu Bewusstsein zu gelangen. Du musst das Leben in dir weiter zulassen. Sei frei und poche nicht auf eine Erklärung für alles. Das Leben ist nicht in Stein gemeißelt. Es ist, wie es ist – ein ständiges Wachsen, Fließen und Lernen. Du kannst nicht alles kontrollieren, denn irgendwann werde ich auftauchen und eine neue Epoche einleiten. Es ist überhaupt nicht schlimm, Rückschläge zu erleiden. Du musst das Leben nicht immer hundertprozentig und zu jeder Zeit spüren und du musst nicht alles haben, denn alles ist ganz schön viel und weniger fühlt sich manchmal viel besser an. Leider bist du bisher immer davon ausgegangen, alles perfekt machen zu müssen, um dich überhaupt wahrgenommen zu fühlen. Ständig musstest du dein Verhalten abwägen und konntest dir doch nie sicher sein, wahrhaftig angenommen zu werden. Erst dein Verstand gaukelte dir so etwas wie Kontrolle in einer unsicheren Welt vor. Das führte dazu, dass die Verbindung zwischen deinem Kopf und deinem Herzen nicht mehr optimal funktionierte und beide getrennt voneinander agieren mussten. Oftmals behielt dein Kopf die Oberhand. Er besaß ja die scheinbar vernünftigeren und logischen Argumente. Alles, was dir dein Herz noch mitteilen konnte, hätte nur weiteren Schmerz mit sich gebracht und hätte dich womöglich noch tiefer ins Chaos geführt. Aber das soll sich ab heute ändern. Höre auf, nach Erklärungen zu suchen. Verlasse deine Wohnung, geh unter Leute und nimm wieder teil an den Freuden des Seins. Alles andere ergibt sich dann von selbst. Du brauchst niemanden mehr, der dich beschützt, dir Orientierung bietet und dir sagt, was du zu tun hast – keinen kleinen Jungen, keinen Surfer, keinen Hirsch und auch keinen alten Mann. Alles, was du zum Leben benötigst, findest du jetzt in dir selbst.«

Indem er das sagte, erhob er sich. Er ging zu einer der zahlreichen bunten Pflanzen um uns her und roch an ihren prächtigen Blüten. Im selben Moment leuchteten die vielen Farben im Zirkus hell auf, und ich konnte die heilende Wirkung meiner Umgebung in jede Pore meines Körpers strömen fühlen. Jegliches Unbehagen, das ich in Gegenwart des Todes empfunden hatte, war wie weggeblasen.

Von außerhalb der Zirkusmauern erklang leise, aber ganz deutlich das Röhren eines Hirsches, und ich wurde ganz ruhig.

»Das Gute ist«, vernahm ich die Stimme des Alten erneut, »dass dir nichts und niemand deine bisherigen Erkenntnisse und Erfahrungen nehmen kann. Du kannst an deine heilenden Orte immer wieder zurückkehren, ob nun in deiner Fantasie oder in der Realität, das ist ganz gleich. Du wirst nach deinem Aufenthalt im *Zirkus des Lebens* immer wieder zu deinem inneren Kern zurückfinden können, ob nun am Strand, in den Bergen oder wo auch immer. Dein bisheriger Weg hat dich sensibler gemacht für das Leben und du hast in Zukunft ein feineres Gespür dafür, was du wirklich brauchst und worauf du guten Gewissens verzichten kannst. Ich freue mich sehr für dich. An dieser Stelle möchte ich dir ein paar Zeilen vorlesen«, sagte er, indem er ein kleines schwarzes Notizbuch aus seinem Gewand herausholte und darin herumblätterte. »Ich nenne das Büchlein mein *Freudetagebuch*[23]. Es hilft mir immer in ganz besonders wichtigen Momenten. Vielleicht legst du dir auch so ein Buch zu. Du könntest darin alle deine Erkenntnisse niederschreiben. Dann hast du sie immer parat, wenn du eine kleine Motivationshilfe benötigst«, zwinkerte er mir zu, und ich konnte mir ein leichtes Schmunzeln nicht verkneifen. Es amüsierte mich zu erfahren, dass selbst der Tod gelegentlich seine kleinen Notizen brauchte. Dann fing er an, mir vorzulesen:

---

[23] In Anlehnung an: Rainer Schwing/Andreas Fryszer (2015). Systemische Beratung und Familientherapie.

»*Die größte Angst der Menschen ist nicht, gefangen, sondern grenzenlos frei zu sein. Der Mensch fürchtet sich nicht vor der Dunkelheit am meisten. Nein, es ist sein Licht, das ihm die größten Bedenken bereitet. Sein Innerstes zu unterdrücken, nur damit sich andere besser und sicherer fühlen, hat nichts Erleuchtetes. Der Mensch wurde geboren, um seine Potenziale zu entfalten, Potenziale, die nicht nur in wenigen Auserwählten schlummern, sondern in jedem Einzelnen leuchten können. Und wenn der Mensch sein Licht scheinen lässt, so erlaubt er es indirekt auch anderen Menschen, es ihm gleichzutun. Wenn der Mensch sich von seiner eigenen Angst befreit, befreit seine Gegenwart automatisch die anderen.*«[24]

Kaum hatte der Alte fertig vorgelesen, eilte ich euphorisch zu ihm und schloss seinen dürren Körper innig in meine Arme. Wen ich da eigentlich umarmte, hatte ich in diesem Augenblick vollständig vergessen.

---

[24] In Anlehnung an den Film: Coach Carter.

19.

Warst du es, den ich vorhin vom Hügel aus bei der Hütte gesehen habe?«, fragte ich ihn, während ich eine Orange von einem der vielen Bäumchen pflückte und schälte. Der Alte schüttelte den Kopf. Sein gieriger Blick auf die Orange in meinen Händen machte mir klar, dass es wohl besser wäre, mit ihm zu teilen. Ich reichte ihm ein großes Stück, das er an sich riss und mit einem einzigen Happs in sich hineinstopfte.

»Wenn du es nicht warst, dann kann es ja nur der kleine Junge oder Edgar gewesen sein. Dummerweise behauptete der Kleine aber, dass er auch dort oben bei mir war. Es bleibt also nur noch Edgar übrig«, schlussfolgerte ich, was der Alte unkommentiert stehen ließ.

»Hör mir gut zu«, begann er. Und weil er mit vollem Mund sprach, klangen seine Worte wie ein lustiges Schmatzen. »Mit dem nächsten Schritt wirst du endgültig mit allem ausgestattet sein, um alleiniger Gestalter deiner eigenen Vorführungen sein zu können. Wie du ja weißt, gibt es noch eine dritte Tür. Dahinter verbirgt sich dein letztes Abenteuer im *Zirkus des Lebens*. Unsere gemeinsame Reise endet hier, und ich würde mich jetzt gern von dir verabschieden.«

Mit einer nachlässigen Bewegung warf er mir einen Schlüssel vor die Füße und steuerte einmal mehr auf das gewaltige Blumenmeer zu. Schon nach wenigen Metern war er nicht mehr zu sehen und hatte sich zwischen all den Pflanzen zu Blütenstaub aufgelöst. Mittlerweile hatte ich mich damit arrangiert, dass meine Gesprächspartner ohne Abschiedszeremonie einfach so verschwanden. Ich winkte ihm kurz hinterher und sagte mir, dass er schon wieder auftauchen würde, sobald die Zeit dafür gekommen war. Langsam ging ich auf die dritte Tür zu. Es fühlte sich noch ungewohnt an, ohne den kleinen Jungen oder den Alten unterwegs zu sein, aber mittlerweile war ich davon überzeugt, dass ich schon irgendwie allein klarkommen würde.

Ich blickte ein letztes Mal auf den blühenden Zirkusplatz zurück, bevor ich den Schlüssel ins Schloss steckte und die Tür langsam öffnete. Jetzt konnte mich nichts mehr überraschen. Ich hatte mit der üblichen Stille und Dunkelheit gerechnet, wurde aber von einem ohrenbetäubenden Lärm überrascht. Im gleichen Augenblick spürte ich, wie eine Kreatur mich ansprang und meinen Kopf fest umklammerte. Spitze Krallen gruben sich wie feine Nadeln in meine Kopfhaut und meine Schultern, so dass ich meine Augen schützend zusammenkniff. Meinen Oberkörper heftig hin und her werfend versuchte ich, den Angreifer loszuwerden. Doch die Kreatur krallte sich umso fester an mich und fing an, mir in die Ohren zu keifen. Ein weiterer Angreifer sprang mich von hinten an und kletterte meinen Rücken hinauf. Seine spitzen Krallen durchdrangen meine Kleidung und pieksten mir in die Rippen. Das alles tat weniger weh, als dass es mich am ganzen Leib aggressiv kitzelte. Die vielen Krallen auf mir hatten mich so sehr überrumpelt, dass ich ins Wanken geriet. Immer mehr keifende Kreaturen warfen sich auf mich und kletterten an mir empor. Schließlich verlor ich endgültig das Gleichgewicht und landete mit dem Gesicht voraus im Dreck. Unwillkürlich hob ich meinen Kopf und riss die Augen auf. Die Kreaturen waren braune, pelzige Äffchen. Die kleinen Biester bissen und kniffen mich ohne Unterlass, ohne mich ernsthaft verletzen zu wollen. Vielmehr wirkte ihr Verhalten wie ein Spiel. Als ich mit einem Schrei aufsprang, hüpften sie von mir herunter und balgten sich untereinander weiter.

Die Luft in dem neuen Raum hinter der dritten Tür war extrem trocken und stickig, und einmal mehr schwitzte ich am gesamten Körper. Die Äffchen hatten längst das Interesse an mir verloren und rannten davon. Ich stand auf einer kleinen Anhöhe und sah ein weiteres Mal einen traumhaft schönen Ort. Sein Anblick tilgte meine Aufregung so schnell, dass meine anfängliche Skepsis rasch einem Wohlgefühl wich.

Direkt hinter der Anhöhe erstreckte sich eine weite Steppenlandschaft mit unzähligen wilden Tieren. Auf dem goldgelben Boden standen vereinzelt karge Bäume, auf denen sich große Vögel ausruhten. Gewaltige Kakteen ragten aus der Erde, deren Stacheln im gleißenden Licht der Sonne wie Diamanten funkelten. Weit in der Ferne standen Giraffen friedlich beieinander. Nashörner scharten sich wie Sicherheitspersonal um die langen Vierbeiner, womöglich um sie vor potenziellen Angreifern zu beschützen. Von meinem Platz aus führte ein schlammiger Pfad zu einem kleinen Holzschuppen an einem Teich, wo sich gerade eine kleine Elefantenherde versammelte. Die eine Hälfte stand außerhalb des Teiches und betrachtete die andere Hälfte beim fröhlichen Planschen im Wasser. Ihr dröhnendes Töröö versetzte den Boden in leichte Schwingungen und war so laut, dass ich mir die Ohren zuhalten musste. Vor mir lag eine Oase der Friedfertigkeit, und ich fühlte mich mit ihrer Energie tief verbunden.

Für eine Weile schaute ich dem entspannten Treiben zu, als ich plötzlich eine Person zwischen all den riesigen Dickhäutern umherlaufen sah. Um wen es sich handelte, konnte ich nicht ausmachen, da der Mensch immer wieder hinter den dicken Elefantenbeinen verschwand.

»Ich bin gespannt zu erfahren, wer du bist«, sprach ich leise vor mich hin, während ich ein neugieriges Kribbeln in meinem Bauch verspürte.

Schließlich trat die Person zwischen den Elefanten hervor. Sie trug einen großen beigefarbenen Hut, wie ihn Ranger tragen. Im Schlagschatten des Hutes konnte ich das Gesicht nicht erkennen. Der Mensch nahm frisches Gras, Möhren und andere Fressalien aus einem Blecheimer und stopfte sie in die gewaltigen Elefantenmäuler. Ohne jede Furcht und mit stoischer Ruhe putzte er Futterreste von den spitzen Stoßzähnen. Auch die Elefanten hatten keine Scheu vor ihm. Ich fand es total beeindruckend, mit welcher Ruhe und Hingabe sie agierten und sich Wasser über die staubigen Rücken sprühten. Offenbar kannten sich die Person und die Tiere schon lange und bildeten eine Gemeinschaft.

Nach der Fütterung ließen sich die meisten Elefanten zu einem Schläfchen auf dem schlammigen Boden nieder. Der geheimnisvolle Mensch aber stieg, von einem einzigen Elefanten begleitet, knietief in den Teich hinein und beugte sich zum Wasser hinunter, um sich das Gesicht zu besprengen. Ich konnte schon die kühle Erfrischung an meinem eigenen Gesicht spüren, als der Elefant auf einmal mit seinem Rüssel den Hut vom Kopf dieser Person stieß.

Plötzlich schien die Zeit rückwärts zu laufen. In mir zog sich alles zusammen, als ich für einen flüchtigen Moment das Gesicht der Person erkennen konnte. Ein starker Impuls drängte mich zu handeln, doch aus unerklärlichen Gründen hielt ich mich zurück und blieb auf der kleinen Anhöhe stehen, um die Situation weiter aus sicherer Entfernung auf mich wirken zu lassen. Zu meiner Beruhigung atmete ich konzentriert aus und ein, als die Person zu mir herüberblickte. Es konnte mir nicht länger verborgen bleiben. Das war kein Mann und kein Ranger, das war meine verstorbene Mutter. Ein eigenartiges Gefühl schoss durch meinen Körper, ich fühlte mich hin- und hergerissen. Meine Sinne arbeiteten am Limit und mein Herz hämmerte. Eine kurze Weile tat ich so, als hätte ich sie nicht bemerkt, was mir im nächsten Moment jedoch recht naiv vorkam. Schließlich war ich weit und breit der einzige Besucher in dem Zirkusraum. Der Augenblick wurde zu einer Ewigkeit und zugleich verblassten die Eindrücke aus den vergangenen Stunden im Ärztehaus und im Zirkus, als hätte es sie nie gegeben. Aber hatte nicht der Alte behauptet, ich könne immer wieder an meine heilenden Orte zurückkehren und stünde kurz davor, zum Gestalter meiner eigenen Aufführungen zu werden? Also rief ich mir die Situation auf dem Hügel in Erinnerung und sprach, bewusst auf meinen Atem achtend, mein Mantra: »*Das Leben ist schön, und selbst der schwerste Moment kann etwas Positives bereithalten. Ich bin mutig und lasse los. Ich bin mutig und lasse los.*«

Nun hob meine Mutter beide Arme, vermutlich um noch besser auf sich aufmerksam zu machen. Das konnte ich unmöglich weiter ignorieren, und so betrat ich den schlammigen Pfad zu dem kleinen Teich und den Tieren. Um mich abzulenken und vor Ungewissheit nicht in Panik zu geraten, stellte ich mir vor, wie mich der Löwe des Lichts mit mutigen Schritten und positiven Gedanken begleitete und so vor allem Unheil beschützte.

Zu meiner Verwunderung wirkte meine Mutter um Jahre jünger auf mich. So fröhlich und ausgelassen wie dort zwischen den vielen Elefanten hatte ich sie noch nie erlebt. Sie war glücklich und zufrieden mit sich und ihrer Umgebung. Sie strahlte bis über beide Ohren, und ihr Lächeln war voller Wärme. Ich rieb mir mehrmals die Augen, aber sie war es wirklich. Auch äußerlich hatte sie sich komplett verändert. Von ihrer Erkrankung war überhaupt nichts mehr zu erkennen. Die Elefanten verhielten sich so, als wäre ich gar nicht da. Nur der Elefant direkt neben meiner Mutter schaute mich konzentriert an. Vielleicht war das ja der Elefant aus dem Ärztehaus.

»Hallo, mein Sohn«, hörte ich die vertraute und eindringliche Stimme meiner Mutter. Sofort schossen mir dicke Tränen in die Augen.

»Bist du es wirklich?«, fragte ich sie vorsichtig.

»Ja, ich bin es wirklich, und es ist in Ordnung, dass du durcheinander bist«, sprach sie in sanftem Ton. So einfühlsam hatte ich sie nur selten erlebt.

»Du weißt, wo du bist, oder?«, wollte sie nun von mir wissen.

»Ja, auch wenn es mir nicht leichtfällt, das alles zu verstehen. Der kleine Junge und der alte Mann haben mich, so gut es ging, vorbereitet. Ich weiß Bescheid über den *Zirkus des Lebens* und dass er ein Ausdruck meiner Vorstellungskraft ist.«

»Ach ja, der kleine Junge und der alte Mann«, seufzte sie. »Schön, dass sie dich vorbereiten konnten, denn bei wichtigen Dingen muss das sein«, fuhr sie fort. Etwas Grundlegendes hatte sich zwischen uns verändert, so dass ein leichteres Miteinander möglich war.

»Ich bin sehr froh, dass du es bis hierher geschafft hast«, hörte ich sie wieder.

»Bist du darüber wirklich froh?«, fragte ich nach.

»Ja, sehr. Warum überrascht dich das?«

»Na ja, ich hätte eher gedacht, dass du wütend und enttäuscht auf mich reagierst.«

»Warum sollte ich so reagieren?«, fragte sie mich, und ich spürte, wie auf einmal ein tiefer Kummer in mir aufstieg. Zur Beruhigung zählte ich bis zwanzig.

»Weil ich dich nicht retten konnte«, ertönten meine Worte wie ein lauter Knall in der Luft und mit einem Schlag brachen sich meine Tränen freie Bahn. Wie gut es tat, diesen Gedanken ausgesprochen zu haben. Der letzte Schritt zur vollständigen Heilung konnte nur darin bestehen, mich noch einmal mit meiner Mutter und ihrem Tod auseinanderzusetzen. Während ich leise weinte, blickte meine Mutter konzentriert zu Boden, als wollte sie sich ihre Reaktion genau überlegen. In der Stille war nur das Schnaufen der Elefanten zu hören, die ruhig dastanden oder friedlich schliefen, während ich voller Hoffnung darauf wartete, was meine Mutter als Nächstes sagen würde.

»Ach, mein lieber Schatz«, fing sie sehr behutsam an, »lange Zeit habe ich mich für meine Krankheit geschämt. Für das, was unserer Familie widerfuhr, gibt es leider keine ausreichenden Erklärungen. Manche Dinge geschehen einfach, und das fehlende Glück zieht dann verhängnisvolle Entwicklungen nach sich«, sagte sie mit sanfter Stimme, während mir die Tränen weiter über die Wangen kullerten.

»Mittlerweile ist sehr viel Zeit vergangen, und du bist selber für dich und dein Leben verantwortlich.« Sie streichelte mir zärtlich über den Kopf. »Ich möchte mich bei dir für den ganzen Schmerz aufrichtig entschuldigen. Es tut mir so leid, dass du einen so schweren Weg gehen musstest und ich nicht die Mutter sein konnte, die du in vielen Momenten deines Lebens gebraucht hättest. Mein eigenes Leid hat mich blind für alles Wesentliche gemacht. Im Nachhinein ist man immer schlauer, aber damals war ich einfach nicht in der Lage, mich ausreichend um dich zu kümmern. Du trägst keine Schuld daran, was mit mir geschah, und hättest an meinem Weg auch nichts ändern können. Du hast nichts falsch gemacht und du bist nicht schuldig. Bitte versteh das. Ich allein trage die Verantwortung.«

Während sie so zu mir sprach, versuchte ich, meinen aufsteigenden Gefühlen weiteren Raum zu geben. Ein letztes Mal dachte ich an die vielen unsicheren Kindheitstage und den Verlust meiner Mutter zurück. Ja, es hatte viele Unwahrheiten, Schmerzen und Enttäuschungen gegeben. Sie alle zogen an mir vorbei, bis sich die letzten dunklen Erinnerungen im hellen Licht der Gegenwart aufgelöst hatten und ich mich tief erleichtert fühlte.

»Ich habe es dir früher viel zu selten gezeigt, aber nichts an dir könnte mich jemals enttäuschen. So wie du bist, ist es wunderbar. Du kannst nichts mehr falsch machen. Ich liebe dich so oder so. Außerdem erfüllt es mich mit Freude, dich an so einem wichtigen Punkt deines Lebens zu sehen«, sagte sie voller Stolz. Sie sah sich aufmerksam um, und ich konnte deutlich spüren, dass sie ganz im Hier und Jetzt war. Ihre Worte hörten sich überaus richtig und liebevoll an. Und auch ich würde diese Liebessprache sprechen können.

»Es wird in deinem Leben immer wieder mal nicht so gut laufen, und du wirst verletzt werden. Das ist unumgänglich. Aber allein das Wissen darum, dass es auch wieder angenehmere Zeiten geben wird, lässt uns das Schwere besser ertragen. Außerdem enthalten die schweren Momente stets die Chance, etwas dazuzulernen, auch wenn das natürlich nicht immer einfach ist. *Lernen ist wie*

Schwimmen gegen den Strom. Hörst du damit auf, so wirst du zurückgetrieben.[25]«

Und wieder streichelte mir meine Mutter über den Kopf. Offenbar freute es sie, mir dabei zu helfen, neue Perspektiven zu entwickeln. Sie wirkte unglaublich gefestigt und schien das, was sie sagte, auch wirklich verinnerlicht zu haben.

»Genauso verhält es sich mit den positiven Seiten des Lebens. Auch sie sind vergänglich, denn irgendwann werden wieder unangenehmere Phasen kommen. Aber auch das geht in Ordnung, denn ohne die schweren Phasen könnten wir das Schöne überhaupt nicht genießen und wertschätzen. Die angenehmen und die schweren Phasen sind ein wichtiger Teil des großen Ganzen und gehören zu einem gesunden Leben einfach dazu.«

»Wow«, entfuhr es mir, was meiner Mutter ein deutliches Schmunzeln entlockte.

»Mach dir keinen Druck und verurteile dich nicht dafür, wenn es mal nicht so läuft, wie du es gerne hättest. Versuche Wege zu finden, um die schweren Momente annehmen zu können, und betrachte sie eher als ein notwendiges Stadium, das dich auf das Nächste vorbereiten möchte. Dort, wo Wasser fließt, wird es auch immer Leben geben. Bleib geduldig mit dir selber und lass auch mal locker. Es gibt kein perfektes Leben.«

---

[25] In Anlehnung an: John Strelecky (2007). Das Café am Rande der Welt. Eine Erzählung über den Sinn des Lebens.

»Warum eigentlich nicht?«, wollte ich von ihr wissen.

»Erinnere dich bitte an die drei missratenen Zitronenbäume des Obstbauern. Es wird immer etwas geben, das nicht vollkommen ist. Du wirst niemals die ganze Zeit stark und umsichtig genug für alle Wechselfälle des Lebens sein können. Das ist auch überhaupt nicht notwendig, denn *es ist nicht unbedingt wichtig, im Leben stark zu sein, sondern sich stark zu fühlen.*[26] Du bist nicht perfekt, genauso wenig, wie alle anderen um dich her. Dennoch kannst du glücklich sein und ein zufriedenes Leben führen. Mach es einfach so wie früher die alten Indianer.[27]«

»Wenn du mir die Geschichte über den Löwen des Lichts und den Löwen der Dunkelheit erzählen möchtest – diese Story kenne ich bereits«, sagte ich.

»Ich weiß, und wie ich sehe, ist der Löwe des Lichts ganz in deiner Nähe. Das freut mich ungemein, aber ich meine eine andere Geschichte.«

»Okay, dann mal los. Ich fange nämlich gerade an, Geschichten zu mögen«, erwiderte ich und sah, wie mich meine Mutter fröhlich anlächelte.

»*Jahrtausendelang, weit vor deiner Zeit, haben sich die alten Indianer am Himmel orientiert, um das Wetter einschätzen zu können. Doch niemand von ihnen hatte*

---

[26] In Anlehnung an den Film: Into the Wild.
[27] In Anlehnung an: Mohsen Charifi (2012). Ein Tag mit der Liebe.

jemals die Möglichkeit oder auch nur die Absicht, den Himmel zu erreichen oder ihn zu besitzen. Indem sie sich am Mond, an den Sternen, den Wolken und der Sonne orientierten, hatten sie eine wunderbare Möglichkeit entdeckt, um sich auf die kommenden Witterungsbedingungen einstellen zu können. Egal ob es sich dabei nun um Gewitter, Regenschauer, Trockenheit, Kälteeinbrüche, Stürme, Schneefälle oder Hitzeperioden handelte, sie waren für jede Situation gewappnet.«

»Das klingt für mich aber schon sehr perfekt«, zwinkerte ich ihr zu.

»Na ja, nicht unbedingt, denn wie gesagt: Die alten Indianer konnten über den Himmel nicht verfügen. Trotzdem boten ihnen die Himmelskörper Sicherheit. Genauso steht dir das Leben als Himmelskörper zur Verfügung. Du musst es nicht kontrollieren oder vollständig verstehen, aber indem du dich an dem Lebendigen darin orientierst, kannst du in der Wüste deines Alltags und auf dem stürmischen Ozean deiner Gedanken und Gefühle deinen eigenen Weg finden. Du wirst gerettet sein, indem du dich an dem Lebendigen in dir orientierst.«

20.

Ich kann gut spüren, dass dich noch etwas anderes bedrückt, und ich denke, es ist nun an der Zeit, es anzusprechen«, forderte mich meine Mutter plötzlich auf, und ich musste erst einmal überlegen, was sie eigentlich meinte. Glücklicherweise erkannte ich recht schnell, worauf sie hinauswollte.

»Du hast ja keine Vorstellung. Bist du dir sicher, dass du das hören möchtest?«, fragte ich sie.

»Ja, das bin ich. Ganz egal, was es sein wird, es hat seine Berechtigung, unabhängig davon, was es bei mir auslösen könnte. Also raus damit!«

»In Ordnung, aber mach mir hinterher bitte nicht den Vorwurf, dass ich dich nicht gewarnt hätte.«

»Die Zeit für Vorwürfe ist vorbei. Außerdem musst du es schon mir überlassen, wie viel ich mir zumute. Du brauchst mir nicht mehr zu helfen. Inzwischen bin ich groß genug, um für mich selber zu sorgen«, erwiderte sie mit einem schelmischen Grinsen.

»Bitte entschuldige, daran muss ich mich wohl erst noch gewöhnen. Also gut, dann sage ich es einfach frei heraus. Es ist so …«

»Ja?«

»Und zwar …«

»Und zwar, was?«

»Mmmh, gewissermaßen …«

»Gewissermaßen, was?«

»Gewissermaßen ist ein Teil von mir sogar erleichtert, dass du nicht mehr da bist«, fuhr ich mit wackliger Stimme fort und sofort stieg das schlechte Gewissen in mir hoch. Danach herrschte erst einmal eine tiefe Stille zwischen uns, und ich konnte ihren Blick nur schwer deuten; er war eher nachdenklich als entsetzt oder zornig.

»Du musst dich dafür nicht schämen oder rechtfertigen. Es ist für mich völlig in Ordnung, dass sich ein Teil von dir erleichtert fühlt.«

»Ist es das wirklich für dich?«

»Ja, in der Tat.«

»Du nimmst mir meine Worte also nicht übel?«

»Nein, nicht die Spur. Lass uns bitte positiv nach vorne blicken. Ich will dir helfen und ich möchte, dass du dein Leben anders gestaltest, als ich es getan habe. Es gibt da noch einiges, das ich gern mit dir besprechen möchte«, wechselte sie das Thema, und ich war völlig überwältigt von ihrem verständnisvollen Verhalten. Mir fiel ein Stein vom Herzen und mich durchflutete eine Welle der Erleichterung. Es schien, als würden eben die letzten Reste aus dem Rucksack meiner angesammelten Erfahrungen entweichen und ein langersehnter Frieden in mir aufsteigen. Wir blickten stumm auf die Wasseroberfläche des kleinen Teiches, wo unsere Spiegelbilder miteinander verschmolzen.

»Wenn ich auf mein Leben zurückblicke und alle meine Erkenntnisse bis zu diesem Augenblick zusammenfasse, dann läuft es auf eines hinaus«, sagte meine Mutter.

»Lass mich raten: Es kommt darauf an, mutig zu sein.«

»Ja, in gewisser Weise hast du recht. Für das, was ich meine, braucht es Mut.«

»Und was meinst du?«, fragte ich neugierig.

»*Zwischenmenschliche Beziehungen*[28]«, antwortete sie besonnen und wirkte dabei doch extrem energiegeladen auf mich. »Mein lieber Sohn«, sagte sie mit Nachdruck, »das Leben ist zu kurz, um es allein zu verbringen. Teile es mit so vielen Menschen wie nur möglich. In der Natur findest du zu deiner inneren Ruhe und zu deinen Kräften zurück, unter den Menschen findest du die Liebe. Schau nicht nur auf dich und dein eigenes Leben. Sieh die Person nebenan und trau dich, ihr eine Frage zu stellen, und höre genau hin, was sie dir zu sagen hat. Das Leben ist einfach zu vielfältig, um allein zu bleiben. Nimm es so, wie es kommt. Liebe, lache, rede, streite, schweige mit den Menschen, so gut und so oft du kannst. Alles andere ist zweitrangig.«

---

[28] In Anlehnung an: Rainer Schwing/Andreas Fryszer (2015). Systemische Beratung und Familientherapie.

Mit ihren Worten half sie nicht nur mir weiter, sondern schien daraus auch für sich selbst viel Positives ziehen zu können. Erstmals konnten wir als Mutter und Sohn aufrichtig miteinander sprechen, ohne dass die breite Mauer der Vergangenheit zwischen uns stand. Es machte sogar richtigen Spaß, mit ihr über das Leben zu philosophieren, und durch meinen Kopf sprudelten allerlei Gedanken.

»Dann ist der Sinn des Lebens, das Leben in Gemeinschaft zuzubringen?«, fragte ich sie daraufhin und empfand eine tiefe Dankbarkeit, dass ich noch einmal mit ihr zusammen sein durfte.

»Für viele Menschen ist es so«, erwiderte sie entschlossen. »Der Mensch ist – ähnlich wie der Elefant – ein Herdentier. Wir möchten alle Teil einer gemeinsamen Geschichte sein und unsere Zeit nicht isoliert verleben. Da fällt mir doch glatt etwas ein, das ich erst hier so richtig gelernt habe. Ich habe es von einem sehr alten Mann[29] erfahren, als ich selber noch sehr durcheinander war und ähnlich viele Fragen hatte wie du heute. Jener Alte lebte einst als König mit sehr vielen Löwen zusammen, und als ich auf ihn traf, erzählte er mir von folgendem Sinnspruch: *Das Leben ist, als würde man eine Botschaft des Kindes, das man einst war, dem alten Mann übermitteln, der man einst sein wird. Man muss dafür sorgen, dass die Botschaft unterwegs nicht*

---

[29] In Anlehnung an den Film: Human.

verloren geht. Der alte Mann erzählte mir außerdem, dass er sich als kleines Kind oft schöne Dinge vorgestellt hatte. Er träumte von einer Welt ohne Leid, einer Welt gegenseitiger Unterstützung und einer Welt voller glücklicher und zufriedener Menschen. Einfache, subtile Dinge eben. Bedauerlicherweise hatte er diese schönen Dinge im Laufe seines Lebens vergessen. Als er König wurde, herrschte er nur noch, um Gold anzuhäufen, das er nicht brauchte, um anderen Königen zu imponieren, die er nicht mochte. Er machte plötzlich so viele Dinge, die nicht seiner wahren Natur entsprachen, und die schöne friedliche Welt, die er als kleines Kind gesehen hatte, wurde ihm immer bedeutungsloser, bis sie für ihn fast vollständig verschwunden war.« Der Gesichtsausdruck meiner Mutter wurde sehr ernst.

»Wo bleibt die Botschaft des Kindes, das wir einst waren?«, fragte sie mich plötzlich und ergänzte, ehe ich noch auf ihre Frage reagieren konnte: »Vielleicht ist es der Sinn des Lebens, jene Botschaft am Leben zu erhalten. Nicht ohne Grund wurdest du bis hierher von einem kleinen Jungen und einem alten Mann begleitet. Hast du darüber einmal nachgedacht?«

Meine Gedanken überschlugen sich und ich versuchte, mich an die intensive Zeit und die vielen einprägsamen Gespräche mit den beiden zu erinnern. »Natürlich habe ich mich über ihr Erscheinen sehr gewundert«, fing ich an, »aber über die tiefere Botschaft, warum es ausgerechnet ein kleines Kind und ein alter Mann waren, habe ich mir eher weniger den Kopf zerbrochen.«

»Na wunderbar, über alles machst du dir Gedanken, nur nicht über die wesentlichen Dinge«, warf sie mit einem herzhaften Lachen ein, und ich musste mitlachen.

»Hinter der Fassade des Arztes beziehungsweise des alten Mannes steckte der Tod«, begann ich meine Überlegungen. »Er schlüpfte in die Rolle eines alten Arztes, um mir dabei zu helfen, wieder gesund zu werden. Außerdem erschien mir der Tod vermutlich, weil er in meinem bisherigen Leben einen großen Stellenwert eingenommen hatte. Das Problem war, dass ich ihn lediglich mit seiner schmerzhaften Seite verband. Erst hier im *Zirkus des Lebens* habe ich die Erkenntnis gewonnen, dass ich – in meinem ganz persönlichen Fall – auch etwas Positives aus ihm ziehen kann und er gar nicht so schlimm sein muss, wie ich immer angenommen habe. Ohne sein Zutun würde es hier im Raum wahrscheinlich weniger schön aussehen.«

»Gut, dass du einen anderen Zugang zu ihm gefunden hast. Das freut mich. Aber wofür könnte der kleine Junge stehen?«, fragte sie mich mit großen Augen.

»Wenn du mich so fragst, vermute ich mal, dass er symbolisch für das Leben steht.«

»Alle Kinder stehen symbolisch für das Leben. Durch ihre intuitive Gabe bringen sie alles Nötige mit, um das Leben in seiner Wahrhaftigkeit und Gegenwärtigkeit spüren zu können. Der kleine Junge, der dir erschien, ist ein Ausdruck von zahlreichen Eigenschaften und Möglichkeiten, die in dir, ja die eigentlich in jedem Menschen schlummern«, sprach sie in einem Flüsterton, als würde sie mir ein süßes Geheimnis offenbaren.

»Was genau meinst du, wenn du von diesen Eigenschaften und Möglichkeiten sprichst?«, unterbrach ich sie.

»Damit meine ich etwas, was allen Menschen gemein ist. Der kleine Junge ist ein Ausdruck davon. Er verkörpert zahlreiche Eigenschaften wie Neugierde, Abenteuerlust, Kooperationsbereitschaft, Aktivität, Unbeschwertheit, Mut, Vertrauen, Staunen, Fantasie und vieles mehr. All diese Fähigkeiten sind bereits in einem Neugeborenen angelegt. Sie müssen sich nur entfalten können. Erst die Erfahrungen, die wir in unserem Leben machen – vor allem in unserer Kindheit durch die Erziehung und durch unser Umfeld –, entscheiden darüber, wie sehr sich jene Potenziale entwickeln werden und wie sehr das Leben gelebt werden kann. *Als Kind ist jeder ein Künstler. Die Schwierigkeit liegt eher darin, als Erwachsener einer zu bleiben*[30]«, antwortete sie mit funkelnden Augen.

»Das klingt sehr schön und faszinierend. Ich könnte dir stundenlang zuhören. Ich verstehe aber

---

[30] Pablo Picasso.

immer noch nicht, warum mir ausgerechnet der kleine Junge in dieser Form erschien. Er wirkte so unglaublich vertraut auf mich.«

Nun kam meine Mutter ganz dicht an mich heran und flüsterte mir ins Ohr: »Dass dir der kleine Junge ausgerechnet in dieser Form erschien, zeigt, wie ausgeprägt dein Mut zu leben tatsächlich ist«, hörte ich sie sagen, wurde aber dadurch nicht wirklich schlauer.

»Ich bin froh, dass ich ihn treffen durfte. Sollte ich jemals Kinder haben, werde ich alles daransetzen, dass sie keinen Mangel leiden und sich willkommen und geborgen fühlen.«

»Das sind wunderbare Voraussetzungen, um sich für Kinder zu entscheiden. Erinnere dich aber bitte stets an die Erkenntnisse des heutigen Tages. Perfektion ist nicht immer hilfreich, und es ist erlaubt, Fehler zu machen. Gerade Eltern machen davon einige«, erwiderte sie mit einem Lächeln auf den Lippen.

In einem Gefühl tiefer Verbundenheit zu ihr sagte ich:

»Bis vor Kurzem war noch so viel Wut in mir, aber nun hat sich einiges verändert. Durch meinen Zirkusaufenthalt weiß ich endlich, dass es Gründe für deine Entscheidung gab und dass es mir nicht zusteht, darüber zu urteilen. Durch die vielen Gespräche habe ich erkannt, dass Schmerz zum Leben gehört und es hinter allem auch etwas Positives zu entdecken gibt. Und weißt du, was das Beste daran ist?«, fragte ich freudig bewegt.

»Sprich es aus«, reagierte meine Mutter ebenso glücklich.

»Seitdem ich mich heute Morgen auf den Weg gemacht habe und das Schöne wieder in mein Leben hereinlasse, scheint es auf einmal wie von allein zu kommen und immer größer zu werden.«

»Halleluja!«, rief sie so laut, dass einige der Elefanten aufschreckten und den Boden zum Zittern brachten.

»Das soll aber nicht bedeuten, dass mir gleichgültig ist, was alles geschehen ist. Selbstverständlich wünschte ich, dass wir einen weniger beschwerlichen Weg hätten gehen können, aber ich weiß nun endlich, dass es keine andere Möglichkeit für dich gab und dass ich keine Schuld daran trage.«

»Danke!«, entgegnete sie mit einem tiefen Seufzer, während sie versuchte, die Elefanten wieder zu beruhigen.

In diesem Moment fühlte es sich so an, als hätte ich tatsächlich einen maßgeblichen Einfluss darauf, wie es mit mir im *Zirkus des Lebens* weitergehen würde. Ein für alle Mal wurde mir klar, dass an diesem Tag, aber auch während meines gesamten Lebens nichts zufällig geschah. Alles gewann plötzlich einen tieferen Sinn und vieles schien zusammenzugehören, ganz gleich, ob ich es nun als positiv oder negativ, als gut oder schlecht kategorisierte. Diese Art der Einteilung spielte keine entscheidende Rolle mehr. Das Leben würde sich so oder so zusammenfügen und nach seinen eigenen Maßstäben ablaufen. Mit Gleichgültigkeit oder Ähnlichem hatte diese Haltung nichts zu tun. Vielmehr erfuhr ich, dass eine gelassenere Herangehensweise an die Aufgaben und Herausforderungen des Lebens für das eigene Wohl viel entscheidender sein kann, als sich ständig Gedanken darüber zu machen, was alles geschehen könnte. Diese veränderte Sichtweise hat sich bei meinem Besuch im *Zirkus des Lebens* entwickelt, auch wenn ich eine Veränderung gar nicht mehr für möglich gehalten hatte. Allein zu wissen, dass ich ein ganz bestimmtes Ziel verfolgte, ließ mich hoffnungsfroher denken und entschlossener handeln.

»Ich bin jetzt bereit, dein Leben nicht mehr zu meinem zu machen und meine eigenen Entscheidungen zu treffen. Ich denke, dass ich nun mit mehr Distanz auf alles zurückblicken kann und dass es an der Zeit ist, endgültig loszulassen. Bevor es aber so weit ist, musst du mir einen letzten Gefallen erweisen«, sagte ich mit fester Stimme zu ihr.

»Nur raus mit der Sprache. Ich bin gespannt, ob ich dazu in der Lage bin.«

»Ich möchte die Kontaktdaten von meinem leiblichen Vater. Es kann sein, dass ich mir irgendwann einmal ein eigenes Bild von ihm machen möchte.«

»Puh, das geht leider nicht. Ich habe keine Informationen über ihn und ich weiß auch nicht, wo er sich aufhält«, antwortete sie, verlor aber nichts von ihrer Zuversicht. »Ich denke, dass du ihn auch ohne meine Hilfe finden wirst. Ich weiß nicht, ob du dich noch daran erinnern kannst, aber du bist ihm in deiner Kindheit schon einmal begegnet.«

»Wirklich?«, reagierte ich verblüfft.

»Ja, er war Dompteur in dem Zirkus, in dem damals so schlechte Lebensbedingungen für die Tiere herrschten. Bis zu dem Zirkusskandal habe ich ihn viele Jahre lang heimlich getroffen. Nachdem die skandalösen Bedingungen ans Licht gekommen waren, half er mir, die Elefanten zu befreien und mit der ganzen Geschichte an die Presse zu gehen. Du warst damals noch im Vorschulalter. Neben dem Skandal kam aber auch unsere heimliche Affäre ans Licht, und ich musste deinem Vater die Wahrheit über dich erzählen. Danach ging vieles kaputt. Dein Vater verlor seine Liebe zu dir, deinen leiblichen Vater habe ich danach nie wiedergesehen, ich wurde unglücklich und krank. Ich kann dir nur sagen, dass dein leiblicher Vater von deiner Existenz nie etwas erfuhr. Er bekam weitere Kinder von einer anderen Frau, und viele Jahre später habe ich beiläufig erfahren, dass er seine Arbeit als Zirkusdompteur aufgab und eine Surfschule gründete.«

Plötzlich ertönte im Hintergrund ein donnerndes Töröö, das mich auf unerklärliche Weise glücklich machte.

»Ich habe viele Fehler gemacht, aber an dem Ort, an dem ich nun verweile, kann ich glücklich und sorgenfrei sein. Hier fühle ich mich frei, und du kannst es endlich auch sein. Streif deine Ketten ab und mach es anders als die vielen kleinen Zirkuselefanten auf dieser Welt. Der Sinn meines neuen Lebens besteht darin, mich um diese wunderbaren Lebewesen zu kümmern. Ich gebe ihnen Futter, schaue, dass sie nicht angegriffen werden, und sorge dafür, dass sie ein artgerechtes Leben führen können. Mit meiner Vergangenheit habe ich abgeschlossen und meinen inneren Frieden gefunden.«

Sie verstummte, ging mit einem zufriedenen Blick zwischen all den Elefanten umher und streichelte jedem einzelnen sanft über seinen dicken Schädel, ehe sie zu mir zurückkam. Ich blickte ihr tief in die Augen und sagte:

»Ich danke dir, dass du noch mal für mich da warst. Ich wünschte, wir hätten früher viel mehr die Möglichkeit dazu gehabt.«

»Wenn du dich traust, dann wird das ab heute so bleiben. Du wirst mich immer spüren, denn ich bin wie der Wind. Du kannst mich zwar nicht sehen, dennoch bin ich immer da. Aber es ist für dich nun an der Zeit, zurückzukehren.«

»In das Zirkusinnere?«, fragte ich aufgeregt.

»Nein, in dein wahres Leben. Sobald ich nicht mehr da bin, wirst du aus deiner Ohnmacht erwachen.«

Dann ging sie zu dem kleinen Schuppen und kam mit einem riesigen Sattel zurück. Schwungvoll schleuderte sie das ledrige Teil auf den Rücken eines Elefanten und blickte glücklich zu mir herüber.

Ich flüsterte: »Ich werde dich für immer in meinem Herzen tragen.«

»Ich dich auch, mein Sohn. Es ist nun so weit. Steig bitte auf!«, forderte sie mich auf und zeigte dabei auf den Rücken des Elefanten.

»Der Sattel ist für mich bestimmt?«, fragte ich überrascht nach, während sich die riesige Kreatur auf die Vorderbeine kniete und ein weiteres lautes Töröö ausstieß.

In diesem Moment wusste auch ich, dass unsere Zeit tatsächlich gekommen war und ich meine Mutter endgültig gehen lassen musste. Voller Liebe umarmten wir uns ein letztes Mal. Danach kletterte ich auf den Rücken des Elefanten, der sich vorsichtig in Bewegung setzte. Nach einigen Sekunden der Unsicherheit fand ich festen Halt im Sattel. Meine Mutter rannte neben uns her und warf mir etwas zu.

»Pass gut auf sie auf!«, rief sie, derweil ich die rote Kappe fing und auf dem Elefanten davonritt.

Als ob ein buntes Mosaik in seine Einzelteile zerfiele, zerbröselte das Bild meiner Mutter – mir wurde mit einem Schlag ganz kalt. Im nächsten Moment bemerkte ich, dass die Tür meines Autos sperrangelweit aufstand und der Schnee unter meinem Gesicht geschmolzen war.

30.10.2017 – 28.06.2018
Marcel Schönefeld

Zeitfracht Medien GmbH
Ferdinand-Jühlke-Straße 7
99095 Erfurt, Deutschland
produktsicherheit@kolibri360.de